학생부종합전형교과서

학생부종합전형교과서

학생부
종합전형
교과서

일반고·특목고·자사고 편

학생부종합전형교과서
일반고·특목고·자사고 편

2017. 6. 26. 초 판 1쇄 인쇄
2017. 6. 30. 초 판 1쇄 발행

지은이 | 권현
펴낸이 | 이종춘
펴낸곳 | **BM** 주식회사 성안당

주소 | 04032 서울시 마포구 양화로 127 첨단빌딩 5층(출판기획 R&D 센터)
10881 경기도 파주시 문발로 112 출판문화정보산업단지(제작 및 물류)

전화 | 02) 3142-0036
031) 950-6300

팩스 | 031) 955-0510
등록 | 1973. 2. 1. 제406-2005-000046호
출판사 홈페이지 | **www.cyber.co.kr**
ISBN | 978-89-315-8096-9 (43370)
정가 | **16,000원**

이 책을 만든 사람들

책임 | 최옥현
기획·진행 | 박남균
교정·교열 | 한정수
내지 디자인 | 상상디자인
표지 디자인 | 박소희
그림 | 정현희
홍보 | 박연주
국제부 | 이선민, 조혜란, 김해영, 고운채, 김필호
마케팅 | 구본철, 차정욱, 나진호, 이동후, 강호묵
제작 | 김유석

■ 도서 A/S 안내

성안당에서 발행하는 모든 도서는 저자와 출판사, 그리고 독자가 함께 만들어 나갑니다.
좋은 책을 펴내기 위해 많은 노력을 기울이고 있습니다. 혹시라도 내용상의 오류나 오탈자 등이 발견되면 "좋은 책은 나라의 보배"로서 우리 모두가 함께 만들어 간다는 마음으로 연락주시기 바랍니다. 수정 보완하여 더 나은 책이 되도록 최선을 다하겠습니다.
성안당은 늘 독자 여러분들의 소중한 의견을 기다리고 있습니다. 좋은 의견을 보내주시는 분께는 성안당 쇼핑몰의 포인트(3,000포인트)를 적립해 드립니다.
잘못 만들어진 책이나 부록 등이 파손된 경우에는 교환해 드립니다.

이것이 **진짜** 학생부종합전형 **합격대비도서**다

학생부
종합전형
교과서

• 권 현 지음 •

권현입학사정관아카데미

일반고
특목고
자사고
편

BM 성안당

프롤로그

오래 기다리셨습니다. 그리고 환영합니다. 지난 10년간 오로지 입학사정관제와 학생부종합전형 대학 입시 최전방에서 수험생들을 지도하고 가르쳐온 권현 선생님입니다.

지난 2008년부터 일반 고등학교 학생들, 검정고시, 해외 고등학교, 대안학교 출신 학생들을 위해 입학사정관제와 학생부종합전형 대학 입시교육 프로그램을 만들고, 전국에 있는 고등학교에 학생부종합전형 강연을 다니며 끊임없이 학생들을 만나온 이유가 있습니다. 그것은 누구라도, 가령 내신이 조금 낮다고 해서, 검정고시, 해외고 혹은 대안학교 학생들이라고 해서 대한민국 대학 입시의 가장 중심에 있는 학생부종합전형에서 소외되면 절대 안 된다고 생각했기 때문입니다.

그동안 내신이 부족하거나 학생부종합전형 입시 준비방법을 잘 몰라서 혹은 개인적인 경제사정이 좋지 않아서 대학 입시에 좌절하고 본인의 꿈을 포기하려는 학생들을 수없이 만났습니다. 그들을 만나면서 10년 전 '권현 입학사정관아카데미'를 처음 시작할 때, 저 자신에게 약속한 것을 곱씹어보곤 합니다.

> 66 이 땅의 모든 저(低) 내신 학생, 검정고시,
> 해외 고등학교, 대안학교 출신 학생들이
> 본인의 꿈을 절대 포기하지 않도록 하겠다! 99

이 약속을 지키기 위해 치열한 대학 입시 현장에서 학생부종합전형을 지도했고, 수많은 경험과 노하우knowhow를 만들었습니다. 학생부종합전형 전문 입시강사로서 대학 입시를 준비하는 모든 학생과 학부모에게 다시 한 번 말씀드립니다.

66 어떤 학생도 학생부종합전형의 입시 방법을 잘 몰라서
소중한 꿈과 희망을 포기하는 일이 절대 없도록 하겠습니다! 99

그래서 지금 여러분과 함께 학생부종합전형 대학 입시 '합격!'이라는 최종 목표를 향해 그 험난한 여정을 시작하려고 합니다.

여러분!
Are you ready?

2017년 6월 권현교육연구실에서
권현 드림

CONTENTS

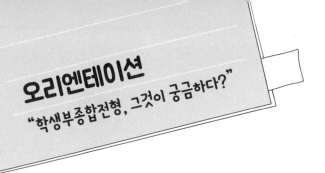

오리엔테이션
"학생부종합전형, 그것이 궁금하다?"

콜럼버스가 신대륙을 발견하기 위해, 닐 암스트롱이 지구인 최초로 달에 착륙하기 위해 '가장 먼저 한 일'은 무엇일까? 아마도 그것은 본인이 도착하고자 하는 곳의 정확한 좌표를 알아보고, 그곳에 정확히 도착하기 위한 구체적인 방법들을 찾기 위해 최선을 다해 준비하고 노력한 것이다.

지금 여러분은 학생부종합전형을 통해 대학 입시 '합격!'이라는 분명한 목표를 정하고, 그 목표에 도달하기 위해 입시 배낭을 메고 출발선 앞에 서 있다. '합격'이라는 목표 지점에 무사히 갈 수 있을지, 가는 동안 어떤 일이 있을지 잘 알 수는 없지만, 두근대는 가슴을 안고 서 있다. 그러나 분명한 것은 대학 입시 '합격!'이라는 최종목표 지점에 무사히 도착하기 위해서는 무엇보다 먼저 '학생부종합전형이 무엇인가?'를 정확하게 알아야만 한다. 그래야만 여러분의 꿈과 희망을 이룰 수 있는 학생부종합전형을 통한 '최종합격!'이라는 신대륙에 무사히 도착할 수 있다.

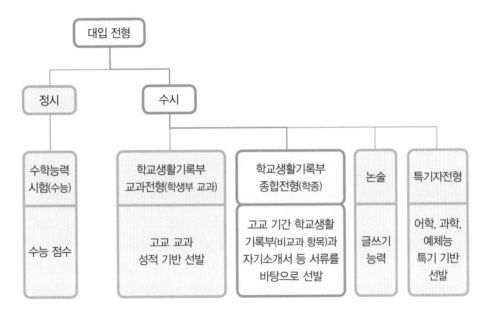

※ 단, 서울 소재 대학은 학생부종합전형이 학생부교과전형보다 큰 비중을 차지한다.

1 학생부종합전형은 대학 입시 방법이다

요즘 고등학교 학생과 학부모들은 학생부종합전형에 대한 이야기를 많이 한다. 학생부종합전형의 선발 인원이 기하급수적으로 늘었다고 하니 모두가 학생부종합전형 전문가가 된 분위기다. 이것을 바라보는 관점에 따라 무수히 많은 의견이 있겠지만, 내가 바라보는 학생부종합전형은 '이 전형만의 독특한 방법으로 대학에 갈 수 있는 입시 방법 가운데 하나'라는 사실이다.

그렇다면 학생부종합전형이 정시수능 혹은 수시교과전형, 논술 등와 다른 점은 무엇일까? 왜

대학은 기존의 두 전형을 만들어 놓고 학생
부종합전형이라는 입시전형을 또 만든 것
일까? 이 이유를 정확히 알아야 학생부종합
전형을 제대로 활용해서 원하는 대학에 합
격할 수 있다.

권현 선생님의 Tip

2018학년도 대학 입학 전형 특징

• 전체 모집인원 : 352,325명
　　　　　　　　(전년 대비 3,420명 감소)
• 수시모집 : 259,673명
　　　　　　　　(전년 대비 3.8% 증가, 73.7%)
• 학생부중심 : 225,092명
　　　　　　　　(전년 대비 3.6% 증가, 63.9%)
　　　　　　　　[자료 : 한국대학교육협의회]

세상의 변화에 당당히 맞서는 아이들

　　오래전부터(10여 년 전 입학사정관제 시절부터) 입학사정관제전형 혹은 학생부종합전형으로 대입
을 준비하고 대학에 합격한 학생들이 있었다. 지금보다 더 척박하고 준비방법도 전혀 없는 상황
에서 학생들은 내 말을 듣고 입학사정관제를 준비하여 대학에 합격했다. 그 시절 입학사정관제를
준비한 학생들의 출신 학교와 내신 성적도 다양했다. 그러나 일반고에서 검정고시, 대안학교, 해
외고 졸업생들까지 학생들은 자신의 열등감을 이겨내고 남들보다 한 발짝 빨리 올바른 방법으로
입학사정관제와 학생부종합전형을 준비하여 본인들의 꿈을 이루어 왔다.

2 **학생부종합전형만의 아이덴티티**Identity**는 '준비과정'과 '전공역량'이다**

　　학생부종합전형과 다른 입시 전형의 크게 다른 점은 학생의 '준비과정'과 '전공역량'에
대한 평가에 있다. 학생부종합전형은 하루 동안 시험을 봐서 성적을 산출하는 정시수능 혹
은 수시논술와는 그 태생적 성질부터 다르다.

　　수능과 논술은 정해져 있는 문제를 풀고 '출제자의 의도에 맞는 답을 선택했는지', '출제
자의 의도에 맞게 논지를 펼쳤는지'에 관하여 점수로 평가하고, 이 점수를 서열화하여 대학
에 들어가는 제도이다. 그러나 학생부종합전형은 학생들이 직접 본인의 문제를 기획해서
만들고, 본인을 합격시켜야만 하는 타당하고 정당한 이유를 제시하는 제도이다. 그래서 학

생부종합전형은 수능이나 논술보다 조금 더 '포괄적'이고 '주관적'이면서 '객관성'과 '보편성'을 가지고 증명하는 것에 아이덴티티가 있다.

❸ 학생부종합전형의 대표선수는 '서류전형'과 '전공역량'이다

대학은 원하는 인재를 선발하기 위해서 학생들의 어떤 점을 보고 평가할까? 100년이 넘는 역사를 가지고 있는 미국의 입학사정관제도를 보면, 입학사정관들은 본인들이 원하는 인재를 선발하기 위해 고등학교에 직접 찾아가 학생들을 먼저 만나고, 그중에 관심 있는 인재를 정기적으로 만나면서 대학이 요구하는 입학사정관 인재로 가르치고 육성한다. 그러나 우리나라의 학생부종합전형은 다르다.

대학의 입학사정관들은 1단계 '서류전형'에서 서류를 통해 학생들을 처음 만나고 선발한다. 사실 1단계에서 처음으로 입학사정관을 만나는 것은 학생 본인이 아니라 대학에 제출하는 서류들이다. 재학생들일반고, 특목고, 자사고은 고등학교 학교생활세부사항기록부(이하 '학생생활기록부')와 자기소개서를 제출해야 하고, 검정고시, 해외고, 대안학교 출신 학생들은 따로 증빙서류와 포트폴리오를 제출해야 한다. 그래서 목표한 대학에 합격하기 위해서는 먼저 이런 서류를 잘 만들어 제출하는 것이 중요하다.

전공역량

그렇다면 이러한 서류는 구체적으로 어떻게 만들어야 할까?

'학생부종합전형에서 가장 중요한 것이 무엇이냐'고 학부모들이 자주 묻는다. 나는 그때마다 '전공역량'이라고 분명하게 답한다. 학생부종합전형은 '전공역량으로 시작해서 전공

전공역량
지원하는 학생이 목표로 하는 전공(학과)에 대한 일관되고 구체적인 역량, 즉 전공에 대한 적합성, 공부를 잘할 수 있는 능력, 전공에 대한 관심, 열정, 적성 등을 의미한다.

역량으로 끝난다'고 해도 과언이 아니다. 그렇다면 이 전공역량이라는 것은 무엇일까?

> ❝ 학생부종합전형은 전공역량으로 시작해서
> 전공역량으로 끝난다. ❞

학생부종합전형의 '전공역량'은 입학사정관들이 학생들을 평가하고 선발하는 중요한 열쇠가 된다. 이 책에서 많은 시간과 지면을 할애하고 집중하고 있는 부분이 바로 '전공역량'이다. 학생부종합전형을 통해 대학에 합격하기 위해서는 모든 서류와 역량들이 그 학생만의 전공역량으로 집중되고 구체화되어야 한다. 즉, 학생부종합전형으로 대학에 진학하고자

하는 학생들은 본인이 목표로 하는 학과에 맞는 일관되고 구체적인 전공역량들을 학교생활기록부나 자기소개서 혹은 증빙서류나 포트폴리오 등에 체계적으로 객관화시키는 작업을 해야 한다.

그렇다면 전공역량은 어떻게 구체화해야 할까? 지금부터 본인에게 맞는 전공역량을 구체적으로 기획하고 계획하고 실천하는 방법들을 단계별STEP로 자세히 살펴보자.

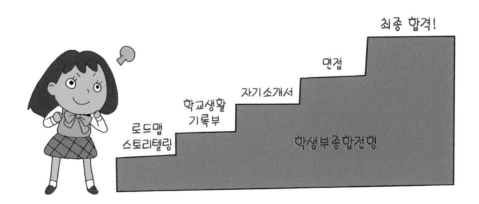

STEP 01 계획하기

학생부종합전형
로드맵과 스토리텔링

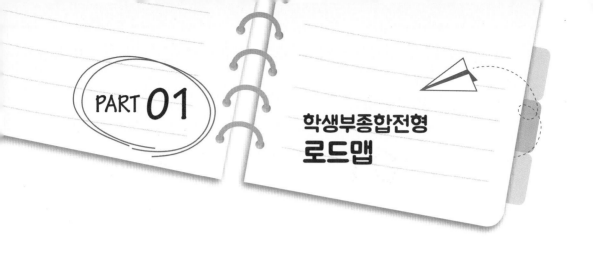

PART 01

학생부종합전형
로드맵

🎓 학생부종합전형 로드맵이란

학생부종합전형 대학 입시에 합격할 수 있는 자신만의 전공역량을 만들기 위해서는 먼저 '로드맵'Road map을 만들어야 한다. '로드맵'은 '큰 그림' 혹은 '지도 좌표'라는 사전적 의미를 가진다. 학생부종합전형으로 대학에 합격하기 위해서는 세부적인 전공역량을 그리는 데 기초가 되는 로드맵이라는 큰 그림을 정확히 그릴 수 있어야만 한다.

가령, 내신 4, 5등급 정도의 학생들이 학생부종합전형을 통해 서울권 대학 '합격'이라는 목표를 이룰 수 있는 이유는 무엇일까? 바로 로드맵 구성이 대학의 합격 기준과 맞아 떨어졌기 때문이다.

대학마다 일관적인 선발 기준이 있기 때문에 저低 내신, 검정고시, 해외고 출신 학생, 심지어 재수생들이 학생부종합전형으로 대학에 합격하기란 결코 쉽지 않다. 하지만 지도하는 교사가 경험과 창의력을 갖추고 있어서 학생의 장단점, 원하는 대학과 학과의 합격 기준점을 정확하게 파악할 수 있다면, 학생부종합전형으로 '인in 서울' 합격하는 것은 그리 어려운 일이 아니다.

> **❝** 학생부종합전형은 한 '개인의 이야기'가
> 중요하게 작용하는 입시전형이다. **❞**

학종 상담 사례로, 내신 4.2등급의 일반고 학생이 학생부종합전형으로 대학에 가고 싶다며 연구실로 찾아왔다. 그 학생과 대화를 나누어 본 결과, 학생부종합전형으로는 대학에 합격하기 어렵다는 진단을 내렸다. 그는 물었다. "내신이 나빠서인가요? 아니면 봉사시간이 적거나 리더십과 관련된 내용이 없기 때문인가요?" 물론 그러한 이유도 있었지만, 가장 본질적인 이유는 바로 '본인의 이야기'가 없기 때문에 합격하기 어렵다는 것이다.

지난 10여 년간 입학사정관제 아카데미를 운영하며, 내 아이의 적성과 구체적인 학생부종합전형 로드맵도 없이 무조건 스펙으로 학생부종합전형 대학 입시를 밀어붙이는 강남의 학부모들을 많이 경험했다. 그리고 이런 학부모들의 입시 결과는 한 마디로 '꽝'이었다. 심지어 그들은 아이의 꿈이 무엇인지, 지금 어떤 문제로 아파하고 있는지조차 파악이 안 된 상태에서 학생부종합전형에 전혀 통용되지도 않을 쓸데없는 스펙 쌓기에 귀중한 시간을 낭비하는 모습을 많이 봐 왔고, 그 결과는 강남권 학생들의 학생부종합전형 입시 실패라는 결

과로 고스란히 나타났다. 실제 학생부종합전형에 합격하는 비율은 강남권이 아닌 비강남권이 수도권이 아닌 지방권이 보다 높은 것으로 나타났다. 그렇다면 이제 여러분은 대학에 합격할 수 있는 올바른 학생부종합전형 준비 방법이 무엇인지 깨달아야만 한다.

🎓 학생부종합전형 로드맵의 4단계

1️⃣ 1단계 : 자신만의 아이덴티티를 찾아라

자신만의
아이덴티를
찾아라
1단계

7대 창의적
체험활동영역에
녹여내라
2단계

학종
평가기준을
정확히 알아야
한다
3단계

트렌드를
읽어야 한다
4단계

학생부종합전형의 1단계는 자신만의 아이텐티티Identity❶를 찾는 것으로 시작한다.

학생부종합전형은 치밀한 전략과 계획이 필요한 대학 입시전형이다. 학생들의 학교생활기록부를 살펴보면, 그것이 무엇을 이야기하려고 하는지 혹은 어떤 장점을 찾을 수 있을지 전혀 감이 오지 않는 경우가 대부분이다. 그 이유는 간단하다. 내가 어떤 학과를 선택하고, 나만의 장점을 만들어 교수나 입학사정관들에게 어떻게 보여줄지에 대한 치열한 고민의 흔적이 학교생활기록부에 없기 때문이다.

학생부종합전형으로 서울 중상위권 대학의 경영학과에 가고자 한다고 가정하자. 대부분 학생은 경영학과에 가서 무엇을 할지 정확하게 포지셔닝Positioning❷을 하지 못하고 경영학에 관련된 동아리 활동, ❸AP과목 수강, 교내 대회 준비 등으로 본인의 학교생활기록부를 채우려고 할 것이다. 학생부종합전형 준비 과정에서 많은 학생이 쉽게 범하는 실수가 바로 이것이다. 자신만의 아이덴티티를 확립하지 못한 채 남들과 다를 바 없는 평범한 스펙을 만들기 위해 아까운 시간을 낭비하는 것이다. 더구나 내신 2.5~4.5등급의 학생들이 학생부종합전형으로 서울권 대학에 합격하기 원한다면 더욱 치밀하게 본인만의 아이덴티티를 구축해야 한다.

상식적으로 생각해 보자. 학교생활기록부의 내용이 비슷하다면 내신 2등급과 4등급 중 어떤 학생을 선발하겠는가? 그래서 똑같이 경영학과를 목표로 하더라도 다른 경쟁자들을 물리칠 수 있는 '독특한 시선과 확고한 꿈을 바탕으로 하는 자신만의 이야기'가 있어야 한다.

❶ 아이덴티티

다른 사람과 구별되는 한 개인으로서 현재 자기가 가진 특성이 언제나 과거의 자신과 같으며 미래에도 이어진다는 자기 정체성이다.

❷ 포지셔닝

광고전략에서 잠재소비자의 의식 속에 상품 이미지나 기업 이미지를 특정한 위치에 설정하는 일이다. 동일한 상품이라도 포지셔닝에 따라 전혀 다른 상품으로 인식될 수도 있다.

❸ AP(Advanced placement)

미국의 고등학생들이 대학 입시를 위해 조금 레벨이 높은 과목을 듣고 고등학교 학점과 대학교 학점을 동시에 이수할 수 있는 제도이다. 난이도가 상당히 높은 AP 전용 시험을 봐야 한다. 미국 학생들뿐만 아니라 많은 한국 학생들도 선택해서 듣고 있다.

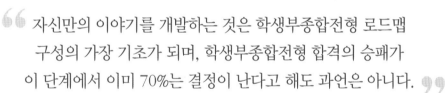

> **❝** 자신만의 이야기를 개발하는 것은 학생부종합전형 로드맵 구성의 가장 기초가 되며, 학생부종합전형 합격의 승패가 이 단계에서 이미 70%는 결정이 난다고 해도 과언은 아니다. **❞**

경영학과의 경우 재무, 회계, 마케팅, 인사, 조직, 매니지먼트, 경영 과학, 국제 경영, 조직 설계 등 다양한 세부 전공들이 있다. 이렇게 다양한 세부 전공 중에서 본인이 어떤 분야에 관심이 있는지, 어떤 분야를 세부 전공으로 정해야 본인의 꿈이 이루어질 수 있을지 등에 관한 본인의 세부 아이덴티티를 결정해야 한다. 이러한 세부 아이덴티티가 결정되어야 경쟁력 있는 자신만의 학생부종합전형 이야기와 구체적 전공역량의 밑그림을 그릴 수 있다.

2 2단계 : 자신의 아이덴티티를 7대 창의적 체험활동 영역에 녹여내라

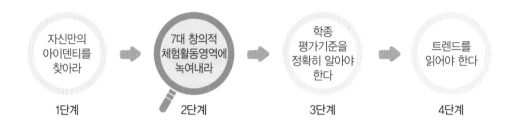

자신만의 아이덴티티를 찾아라	7대 창의적 체험활동영역에 녹여내라	학종 평가기준을 정확히 알아야 한다	트렌드를 읽어야 한다
1단계	2단계	3단계	4단계

7대 창의적 체험활동 영역
진로활동, 자율활동, 동아리활동, 봉사활동, 독서활동, 리더십활동, 프로젝트(공모전)활동

2단계는 자신의 아이덴티티를 학교생활기록부의 7대 창의적 체험활동 영역에 녹여내야 한다. 만약 경영학과 진학을 희망하는 학생이 스포츠마케팅이라는 세부 전공을 정했다면 왜 스포츠마케팅을 선택했는지에 관한 분명한 이유가 있어야 한다.

학종 상담 사례로, 한 학생이 오랫동안 축구선수를 하다가 부상을 당해 더는 선수 생활을 할 수 없게 되자 스포츠마케팅을 전문적으로 하는 경영인으로 꿈을 바꿨다. 그러나 그는 운동으로 대학에 가려고 했기 때문에 내신이 다른 학생들보다 매우 좋지 않았고, 더군다나 스포츠마케팅에 대해서도 전혀 아는 것이 없었다. 그렇지만 나는 이 학생의 이러한 단점이 오히려 장점이 될 수 있도록, 즉 부상 스토리를 극대화할 수 있도록 지도했던 경험이 있다. 선수들을 육성하고 도울 수 있는 영향력을 가진 스포츠마케터가 되어서 본인의 잠재적인 재능을 발휘하고, 다른 선수들을 통해 자신의 못다 이룬 꿈을 이루

권현 선생님의 Tip

세부 전공을 정할 때 정말 중요한 것은 세부 전공을 선택한 이유와 본인의 꿈이 일치해야 한다. 세부 전공을 선택한 구체적인 이유나 근거가 없다면 아무리 본인만의 세부 전공을 정했다고 해도 입학사정관에게 인정받기 어렵다.

겠다는 내용을 구체화시킨 것이다. 내신도 낮고 이렇다 할 관련 활동도 없었지만, 본인만의 선수 생활 이야기와 스포츠마케팅이 자연스럽게 매칭되는 부분에서 학생이 자신감을 가질 수 있도록 지도하였고, 스포츠마케팅과 관련된 구체적 능력을 배양할 수 있도록 구체적인 로드맵을 작성했던 경우이다.

> 66 그러나 로드맵 구성의 가장 중요한 부분은 바로 학생이다. 99

미안한 말이지만, 몇몇 컨설팅 업체에서 진행하는 학생부종합전형 컨설팅은 잘못 이루어지고 있다. 학생과 대학에 대한 확실한 기준점 없이 무턱대고 수치만 제시한다고 해서 학생부종합전형 입시에서 상대적으로 불리한 저 내신 학생 혹은 검정고시, 해외고 출신 학생, 재수생들이 대학에 합격할 수 있는 것은 아니기 때문이다. 그동안 학생부종합전형 입시 현장에서의 경험과 결과를 보면, 로드맵 구성 단계에서 입시 결과가 거의 80~90%는 결정된다고 해도 과언은 아니다. 학생부종합전형 합격 로드맵 구성을 위해 가장 중요하게 파악해야 하는 부분이 바로 학생이다. 학생의 장단점은 물론, 인생의 흔적, 학생만의 색 등을 바로 찾아낼 수 있는 능력과 경험이 있어야 학생에게 꼭 맞는 학생부종합전형 옷을 입혀나갈 수 있다.

일반고 / 내신 4.2등급 / 봉사시간 85시간 / 2학년 동아리 부회장 1회 /
목표대학_ 경희대 호텔경영학과

사라가명는 고등학교 2학년 재학 중인 해 5월, 권현 아카데미에 찾아왔다. 지금까지 여러 선생님이 그의 학교생활기록부를 보고 고개를 저었다. 하지만 나는 그의 학교생활기록부 봉사활동에서 희망을 보았다. 봉사시간이 많지 않았지만, 시간만 채우는 봉사활동이 아니었다. 그것은 지역협동조합 양조장에서 직접 막걸리 만드는 일을 도왔다는 내용이었다. 잘만 지도하면 그가 원하는 대학에 합격할 수 있겠다는 생각이 들었다. 내신 4.2등급에 부족한 봉사시간 그리고 별로 내세울 것 없는 스펙 때문에 여러 컨설팅 업체에서 가능성이 없다는 소리만 들은 그였지만, 나는 과감히 입시 지도를 시작했다.

먼저, 그에게 막걸리 양조장에서 봉사한 이유를 물었고, 오랜 대화 끝에 '막걸리호텔 건립'이라는 사상 초유의 전공역량을 계획하게 되었다. 결과적으로 그는 부족한 내신과 스펙을 '막걸리호텔 건립'이라는 전공역량으로 이겨내고 서울권 대학에 합격했다. 그가 여러 가지 약점들을 이겨내고 서울권 대학에 합격할 수 있었던 것은 전공역량을 구체적으로 만들어 나갈 수 있었던 실천력, 어려운 상황에서도 흔들리지 않았던 의연함 그리고 전공역량을 침착하게 수행해나가는 진심 등의 여러 요소가 있었다. 하지만 처음 그를 만났을 때, 생활기록부에 기재되어 있는 한 줄의 내용을 간과해 버렸다면 이런 결과를 이뤄내기 힘들었을 것이다.

학생부종합전형의 승패를 결정하는 로드맵 계획과 구성 과정에서 가장 중요한 것은 눈에 보이는 가능성과 눈에 보이지 않는 잠재력을 찾아낼 수 있는 능력이다.

> 66 학생부종합전형의 승패를 결정하는 로드맵 계획과
> 구성과정에서 가장 중요한 것은 눈에 보이는 가능성과
> 눈에 보이지 않는 잠재력을 찾아낼 수 있는 능력이다. 99

❸ 3단계 : 대학의 학생부종합전형 평가기준을 정확히 알아야 한다

3단계는 자신이 가고자 하는 대학의 학생부종합전형의 평가기준을 정확히 알아야 한다는 것이다. 이것은 너무나도 당연하다. 그러나 당연한 것을 지키기 힘든 이유는 바로 학생부종합전형의 평가기준이 제대로 공개되지 않기 때문이다. 대학 홈페이지에 들어가 보면 정시나 수시에 관한 입시정보는 상세하게 잘 나와 있지만, 학생부종합전형의 평가기준에 관한 정보는 찾기 어렵다. 정확히 말하면 대학은 학생부종합전형의 객관적인 평가기준을 학생과 학부모들에게 세부적으로 공개하지 않고 있다. 가시적 내용은 제시하지만, 그 내용 뒤에 숨겨져 있는 진짜 의미는 숨겨놓고 있다. 어떤 이유에서일까?

너무나 당연한 일이겠지만, 경영학과에 지원하는 학생의 발전 가능성과 잠재능력을 국문학과 교수나 생명공학과 교수가 판단하고 평가할 수는 없다. 그러므로 전공역량 평가는 단과대학별로 이루어진다. 이렇게 다양한 학생들의 전공역량과 발전 가능성에 대한 개별적인 평가기준을 몇 가지 항목으로 일반화한다는 것은 말도 안 된다. 학과별, 교수별로 학생을 평가하고 선발하는 기준은 있지만, 이러한 방대한 자료를 정확하게 명시하기란 절대 쉽지 않은 일이다.

또한, 대학이 학생부종합전형의 평가기준을 정확히 명시하지 못하는 이유는 지원 학생들의 전공역량이 점점 발전하고 변화하는 것과도 관계가 있다. 학생부종합전형은 절대평가가 아닌 상대평가로 이루어지고 있으며, 지원하는 학생들의 스펙과 전공역량은 해마다 크게 발전하고 있다. 과거 입학사정관제로 대학에 합격한 학생들이 다시 학생부종합전형을 준비한다면 지금 다니고 있는 대학에 합격하지 못할 학생들도 꽤 있을 것이다. 앞으로 대학은 해마다 변화하고 있는 학생들의 역량에 맞게 단과대학별로 세분화되어 있는 학생부종합전형 평가기준을 꼼꼼히 정리하여 공개해야 한다.

그렇다면 이러한 상황에서 학생부종합전형을 지도하고 가르치는 교사와 학생들은 어떻게 해야 할까? 지금으로써는 학생부종합전형에 대한 오랜 입시 지도 경험이 가장 중요하다고 볼 수 있다.

대학에서 공개하지 않는 방대한 양의 평가기준은 매년 학생부종합전형을 지도하면서 자연스럽게 얻게 된 교사들의 노하우와 경험을 통해 알 수 있다. 대학이 학생부종합전형의 세세한 평가기준을 대중들에게 공개하지 않는 한, 이에 대한 정보는 매년 학생부종합전형을 준비시키고 가르치며 직접 몸으로 부딪혀 경험을 통해 얻어 나갈 수밖에 없고, 학생부종합전형 입시 경험이 많은 교사에게 물어볼 수밖에 없다.

4 4단계 : 학생부종합전형은 트렌드Trend를 읽어야 한다

자신만의 아이덴티를 찾아라 / 1단계 → 7대 창의적 체험활동영역에 녹여내라 / 2단계 → 학종 평가기준을 정확히 알아야 한다 / 3단계 → 트렌드를 읽어야 한다 / 4단계

마지막 단계는 입시 철의 트렌드를 읽을 수 있어야 한다. 계절마다 유행하는 옷이 다르듯 학생부종합전형에도 트렌드가 있다. 학생부종합전형 로드맵을 계획하고 구성할 때 마지막으로 고려해야하는 것은 학생이 지원하는 연도의 학생부종합전형 트렌드다. 2015~2016학년도 학생부종합전형의 트렌드는 '융·복합'이었고, 2017~2018학년도 학생부종합전형의 트렌드는 '세계화'이다.

대학은 사회 분위기를 반영하며, 학생부종합전형에는 대학의 분위기가 고스란히 반영
될 수밖에 없다. 로드맵 계획의 가장 마지막 단계에서는 자신의 전공역량에 그 시대의 트
렌드를 자연스럽게 반영할 수 있어야 한다. 이렇게 학생, 대학, 학과, 트렌드를 적정하게 볼
수 있다면, 이미 학생부종합전형 입시 성공의 절반을 이룬 것이다. 그리고 학생, 대학, 학과
그리고 트렌드Trend가 맞아 떨어져야 합격하는 학생부종합전형 로드맵을 계획할 수 있다.

PART 02

학생부종합전형
스토리텔링

🎓 학생부종합전형 스토리텔링이란

학생부종합전형에 사용되는 입시 스토리텔링Story+Telling은 '수험생 자신이 기획한 스토리

Story를 효율적으로 대학에 전달Telling하는 방법'이며, 학생부종합전형에서 '학교생활기록

※ 학교생활기록부 · 자기소개서 – 재학생(일반고, 특복고, 자사고 등)
※ 증빙서류 · 포트폴리오 – 해외고, 검정고시, 대안고 등

부와 자기소개서재학생, 증빙서류와 포트폴리오검정고시, 대안학교, 해외고의 '뼈대'가 된다.

1 자기소개서의 어머니 학교생활기록부

자기소개서는 '팩트'fact, 즉 '구체적인 사실'에 대하여 간략하게 정리하고, 이를 객관적으로 입학사정관들에게 전달해야 '전달의 힘'이 나타난다. 자기소개서의 전달력을 인정받으려면, 먼저 학교생활기록부에 객관적인 내용이 기록되어 있어야 한다.

튼튼한 건물을 짓기 위해서 기초 공사를 튼튼히 하는 것처럼 좋은 자기소개서를 쓰기 위해서는 그 기초가 되는 학교생활기록부 및 자기소개서, 증빙서류 및 포트폴리오의 내용을 본인의 희망 전공에 맞게 일관적, 객관적, 독창적으로 만들어나가야 한다. 입학사정관들은 자기소개서의 내용과 생활기록부 및 각종 증빙서류, 포트폴리오의 내용을 꼼꼼히 확인하며 검토하기 때문이다.

> 66 좋은 자기소개서, 즉 입학사정관들에게 인정받는
> 자기소개서를 쓰기 위해서는 자신만의 사유,
> 전공에 대한 인식과 의식이 정확하게 들어가 있는 행위들을
> 일관성을 갖고 꾸준히 실천해야 한다. 99

2 합격하는 자기소개서

학생부종합전형 입시에서 자기소개서는 '학생이 3년 동안 준비해 온 것들을 간략하게 정리해서 입학사정관들에게 객관적으로 전달하는 역할'을 한다. 학교생활기록부의 중요성을 제대로 이해하고 나면 '자기소개서만 잘 쓰면 대학을 갈 수 있는지', '내신이 좋으니까 자기소개서를 못 써도 대학에 붙을 수 있는지'와 같은 답답한 질문들은 더 이상 하지 않을 것이다.

학생부종합전형 자기소개서 공통문항을 보면 각 문항이 전반부와 후반부로 나뉘어 있는 것을 볼 수 있다. 전반부에서는 '우리 대학 우리 학과에 들어오기 위해 무엇을 했는가?', 후반부에서는 '본인이 한 행위들을 통해 느낀 것은 무엇인가?'를 묻는다.

자기소개서는,

① 로드맵 구성을 통해 진학할 대학과 학과를 명확히 정하고,
② 그 대학과 학과에 맞는 창의적 체험활동 및 리더십활동, 봉사활동, 자율활동, 프로젝트 등을 통해 전공역량, 수상경력, 문화 다양성, 학업능력 등을 기른 후에,
③ 본인이 이러한 활동을 통해 희망 전공과 관련해서 무엇을 느꼈으며, 본인만이 배우고 깨달을 수 있었던 것들이 무엇인지, 앞으로 관련 전공을 통해 구체적으로 무엇을 해나갈 것인지 써야 한다.

이것을 잘 정립해서 자기소개서를 쓰지 못한다면, 활동을 많이 한 학생일지라도 3년간의 노력이 물거품 될 수 있다.

2년 전 내신 1등급의 높은 스펙을 가진 특목고 학생의 부모님이 내게 찾아와서는, 아이가 학생부종합전형으로 서울권 대학 중 한 군데도 붙지 못했다며, 그 이유를 찾아달라고 부탁했다. 학생의 학교생활기록부, 내신, 지원 대학들과의 서류 연관성을 살펴보고 나서야 이 학생이 높은 내신과 좋은 스펙을 갖고도 6개 대학 중 한 군데도 합격하지 못했는지 그 이유를 알 수 있었다. 그것은 바로 '행위에 대한 사유'가 없었기 때문이다.

객관적인 행위들만 학교생활기록부 가득 채워 넣었다고 해서 대학에 합격하는 자기소개서를 쓸 수 있는 것은 아니다.

66 전공과 연관된 객관적 자료들을
일관성 있게 학교생활기록부에 채워 넣고,
자기소개서는 이에 대한 학생만의 사유와 생각들을 정립하여,
후반부에 '본인이 한 행위들을 통해 느낀 것'을 올바르게 써넣어야 한다. 99

이렇게 해야 비로소 메시지가 잘 전달될 수 있는 자기소개서를 완성할 수 있다.

학생부종합전형 입시에서는 학생의 이야기와 구체적인 행위를 뒷받침할 수 있는 입시 스토리텔링 지도가 중요하다. 어떻게 내신이 낮은 학생들을 서울권 대학에 잘 보낼 수 있는지 학부모들이 내게 물어오면 '학생의 적성에 맞는 목표 대학과 학과를 정하고, 그 학생만의 일관된 이야기를 구성하여, 이를 입학사정관들에게 객관적으로 보여줄 수 있는 전공역량 및 활동들을 계획하고 실행하도록 지도한 결과'라고 수없이 이야기해 왔다. 이것이 바로 권현 입학사정관 아카데미가 10년간 저 내신 학생들을 지도하여 서울권 대학에 합격시킨 입학사정관제와 학생부종합전형 합격프로그램의 요체이다.

합격하는 자기소개서의 마지막 핵심은,

④ 학생의 목표에 맞게 학생이 해온 활동들의 의미를 해석하고 재정립하여, 학생만의 주관적 사유를 창의적으로 발현시켜서 이를 입학사정관들에게 객관적으로 전달하는 데 있다.

그러기 위해서는 학생부종합전형 기획 단계에서 일관적이고 창의적인 스토리텔링을 기획해야 하며, 구성된 스토리텔링을 구체적으로 증명할 수 있는 객관적인 행위들을 학교생활기록부의 7대 창의적 체험활동 영역으로 세분화하여 전개해야 한다. 그리고 이러한 과정에서 본인만이 느끼고 깨달을 수 있는 인식과 의식의 영역을 확장하고 재정립시켜, 행동과 의식을 이에 맞게 변화시키는 것이 중요하다.

그러므로 학생부종합전형 준비를 시작할 때 반드시 학생부종합전형 ① 로드맵을 짜고, 이에 맞게 입시지도를 해야 한다. 이러한 일련의 과정 없이 마구잡이식으로 학생부종합전형을 준비한다면 원하는 결과를 얻을 수 없다. 앞서 말한 1등급을 받고도 서울권 대학에 합격하지 못한 학생의 사례가 실패하는 학생부종합전형의 특징을 잘 보여주고 있다.

이렇게 학생부종합전형의 로드맵이 완성되었다면 이를 ② 구체적으로 실행하고 가시화하는 일이 중요하다. 학생부종합전형에서 본인의 전공역량을 가시화하는 데 가장 중요한 것은 바로 '스토리텔링'이다. 스토리텔링에서는 본인만이 가지고 있거나 앞으로 갖춰나갈 역량들을 구체적으로 보여줘야 한다. 주관적인 부분들을 입학사정관들과 교수들이 이해할 수 있게 객관화해나가야 하기 때문이다.

🎓 학생부종합전형 스토리텔링 3원칙

1 제1원칙 : 승화점 원칙

스토리텔링의 첫 번째 원칙은 자신의 약점을 장점으로 승화❶시킬 수 있는 '승화점 원칙'을 가져야 한다.

학생부종합전형 입시에서 내신이 안 좋은 이유, 검정고시를 본 이유, 해외고를 졸업하지 못한 이유에 대하여 입학사정관들이나 교수들이 좋게 넘어갈 것으로 생각한다면 오산이다. 여러분의 상대는 저 내신 학생, 검정고시, 해외고 출신 학생, 재수생들이 아니다. 미안하지만 여러분의 상대는 일반고, 특목고, 자사고 1~2등급, 검정고시 만점의 학생들, 또 GPA평균학점, 평균성적❷ 성적이 좋은 학생들이다. 여러분이 내신이 낮거나, 검정고시를 봤거나, GPA 성적이 낮은 것을 당연하게 생각

❶ **승화**
프로이트(Sigmund Fred) 심리학에서 본능적 에너지가 자아와 초자아에게 보다 용납될 수 있는 목표로 전환된다는 것을 일컫는다. 다시 말해, 개인의 주관적인 상황들을 객관화시켜나가는 과정이다.

❷ **GPA**
Grade Point Average는 평균학점, 평균성적이라는 의미이다. 미국대학은 GPA 성적 3.0 이상을 요구한다. 고등학교에서는 대학 수시모집에 지원할 때 대학들에서도 고등학교 평균성적 4.0 이상을 요구한다. (GPA 5.0 만점 기준)

하면 안 되는 이유가 바로 여기에 있다.

보통 서울 중상위권 대학의 학생부종합전형에서는 내신교과 30%와 비교과 70%를 합산하여 최종합격자를 선발한다. 그러므로 내신이 낮은 학생, 검정고시 출신 학생, 해외고를 중도에 포기한 학생들은 상대적으로 부족한 내신을 보완하기 위해 비교과 70%를 완벽에 가깝게 만들어 나가야 한다. 그리고 70%의 비교과 역량 중 50~60%가 넘는 전공역량에서 좋은 평가를 받기 위해서는 본인의 약점을 과감하고 용기 있게 입학사정관들에게 보여줄 수 있어야 한다.

사례 02

안면기형 전공역량으로 의대에 진학한 선아

선아가명는 원래 흉부외과의 전공역량을 쌓아 학생부종합전형으로 의대에 진학하고자 했다. 그러나 나는 흉부외과에 관한 전공역량을 만드는 것도, 이 부분을 가시화시켜 입학사정관과 교수들에게 평가받기도 쉽지 않다고 판단했다.

그래서 그에게 안면기형에 대한 연구로 대학에 가는 것을 권유했다. 안면기형에 대한 연구를 선택한 이유는 그가 약간 주걱턱이었기 때문이다. 사실 그의 내신 성적은 의대에 가기 좋은 성적이 아니었고, 약점을 활용하여 과감하게 스토리텔링을 만들어 나가야 승산이 있겠다고 판단했다. 선생님이 학생의 약점을 가시화하려 한다고 좋지 않은 소리를 들을 수도 있지만, 내신이 좋지 않은 그를 목표하는 의대에 보내기 위해서는 승화점을 정확히 포착하여 구체화하여야 한다고 생각했다. 이러한 과정을 통해 그는 부족한 내신으로도 의대에 합격했다.

사례 03

출석 일수가 부족한 학교생활기록부로 교대에 합격한 용범

교대의 학생부종합전형은 교사가 되려는 인재를 선발하는 만큼 다른 학과의 학생부종합전형보다 기준이 매우 까다롭다. 용범이(가명)는 내신도 나쁘지 않았고, 바른 학생이었다. 하지만 고등학교 2학년 때 방황했고, 출결사항이 좋지 않았다. 이러한 단점에도 불구하고 내가 그를 높게 평가한 부분은 진정으로 교사가 되고 싶어 한다는 것이었다. 그는 만약 대학원에 진학한다면 특수교육학을 전공해서, 어려운 아이들을 위해 봉사하고 가르치는 교사가 되고 싶다고 했다.

문제는 그의 2학년 때의 출결사항이었다. 부족한 사항들은 학교생활기록부가 마감되기 전에 만들어 넣으면 되지만, 한번 기재가 끝난 학교생활기록부는 다시 손댈 수 없다. 나는 며칠 고민한 끝에 그의 약점을 오히려 더 부각시키기로 결심했다. 그리고 그날부터 그에게 살아있는 경험, 책에서 얻을 수 없는 경험들을 전공역량화하기 위해 노력했다. 그리고 이러한 경험을 통해 얻은 자료들을 가지고 그의 논문을 지도했다. 학원에서 흔히 쓰는 소논문이 아니라 정말 미래 교사로서 필요한 것들을 기록하고 써나가며 그가 자신의 꿈을 책으로 만들어 나갈 수 있게 지도했다.

결국, 이러한 산 경험들을 모아 고등학교 3학년 때 '다중 소그룹 부진아 지도'와 연관해서 논문을 썼고, 고등학교 2학년 때의 방황이 이러한 경험들을 찾기 위해 노력하는 과정이었다는 것을 증명할 수 있게 지도해 나갔다. 그는 여러 교대에 지원했고, 그중 한 곳에서 본인의 전공역량을 인정받았다. 부족한 출결사항이라는 약점을 뛰어넘고 그토록 원하던 교대에 합격한 것이다.

특목고 내신 8등급 자퇴 후, 검정고시로 합격한 진우

특목고에도 일등과 꼴등이 존재한다. 아이를 특목고에 보내는 학부모들은 내 아이가 꼴등은 면하겠지 하는 생각과 그래도 특목고인데 일반고보다는 대학 입시에서 가산되는 부분이 있겠지 하는 생각을 한다. 하지만 아무리 특목고라고 하더라도 꼴등을 한다면 대학 입시 때 문제가 될 수 있다.

진우(가명)는 중학교 때까지 공부를 잘한다고 칭찬을 받았지만, 고등학교 진학 후 성적이 많이 떨어지자 꿈을 잃었고, 결국 고등학교 자퇴를 했다. 중학생 때까지 그의 꿈은 서울대를 졸업하고 샐러리맨이 되는 것이었다. 그러나 그는 검정고시생이 되었고 권현 아카데미에 오기 전까지 꿈과 희망이 없었다고 했다. 서울대가 아닌 대학을 한 번도 생각해 본 적이 없었는데 검정고시로는 서울대를 갈 확률이 전혀 없고, 대기업에 들어갈 수도 없어졌으니 이제 무엇을 해야 할지 모르겠다고 했다.

그에게 필요한 것은 서울대가 아니면 안 된다는 생각과 콤플렉스를 깨는 것이었다. 서울대를 나오지 않아도, 대기업에 들어가지 않아도 인생은 충분히 행복한 것이라는 것을 알게 해주고 싶었고 그러기 위해서 노력했다.

그에게 왜 대기업에 가고 싶어 하는지 이유를 물었다. 그는 편안하게 살고 싶기 때문이라고 대답했다. 나는 그에게 개인의 편안함도 중요하지만, 그러한 관점을 넓혀 다른 사람들까지 편안하게 해줄 수 있는 사람이 되는 것이 훨씬 값진 일이라는 것을 가르쳐나가기 시작했다.

그는 학생부종합전형을 준비하여 마침내 명문대에 합격했다. 나는 그가 명문대에 합격한 것도 기뻤지만, 그보다 더 기쁜 것이 있었다. 좋은 학교를 나오지 않아도 충분히 노력한다면, 자신의 가치를 알아봐 주는 사람들과 뒤에서 지지해주는 사람들이 있다는 것을 학생부종합전형을 준비하면서 깨닫게 된 것이다. 검정고시 출신의 그가 특목고, 자사고 1~2등급 아이들을 제치고 대학에 합격할 수 있었던 스토리의 중심에 그의 약점을 솔직히 밝히고 승화점을 이끌어 낸 학생부종합전형 스토리텔링의 제1원칙 '승화점의 원칙'이 있었다.

2 제2원칙 : 독창성과 일관성 원칙

학생부종합전형 스토리텔링 제2원칙은 '독창성과 일관성의 원칙'이다. 특히 저 내신 학생, 검정고시 출신 학생, 재수생들이 1~2등급의 경쟁 학생들을 제치고 학생부종합전형으로 대학에 들어가려면 독창성과 일관성이라는 제2원칙을 잘 지켜서 스토리텔링을 해나가야 한다. 이때 주의할 점은 객관성도 충분해야 한다는 것이다.

사례 05

일반고 내신 5등급으로 컴퓨터공학과에 합격한 동휘

컴퓨터공학과에 합격한 동휘가명는 해킹으로 대학에 가겠다고 했던 학생이었다. 해킹에 거의 미쳐있다시피 했던 그의 내신은 엉망이었지만 자기 뜻을 절대 굽히지 않았다. 컴퓨터 보안과 해킹은 매우 유사한 분야지만 창과 방패처럼 엄연히 다른 분야였고, 나는 그의 번뜩이는 아이디어와 재치를 컴퓨터공학과의 전공역량에 맞게 보편화해가야 한다고 판단했다. 그러려면 그가 가지고 있는 이야기의 독창적인 부분을 훼손하지 않는 선에서 보편화시키는 작업이 필요했다.

그의 문제점은 컴퓨터 실력은 뛰어나지만, 자신의 재능을 다른 사람들을 위해 쓰려는 소통의 능력이 부족하다는 것이었다. 그래서 어려운 시장 상인들의 재산을 지키는 보안 시스템을 개발하는 것으로 그의 전공역량을 수정해 나갔다. 일일이 시장상인들을 찾아다니며 무료로 보안시스템을 설치해 주겠다고 설득했고, 그의 뛰어난 프로그래밍 실력과 나의 노력을 통해 상인들의 재산을 보호하는 보안시스템이라는 새롭고 독창적인 스토리텔링이 탄생했다. 그의 독창성을 훼손하지 않는 범위 내에서 공익을 위한 구체적인 스토리텔링과 전공역량을 발전시킨 것이다. 그는 그해 서울권 대학 컴퓨터공학과에 합격했다.

사례 06 뛰어나지는 않지만, 꾸준함과 일관성으로 신문방송학과에 합격한 성은

성은이^{가명}는 학생부종합전형에 대한 열정이 매우 일관된 학생이었다. 내신 3등급에 학교 방송반 동아리를 2년 내내 했고, 매일 5개 언론사의 신문 기사를 스크랩했다. 내가 성은이의 입시 지도를 맡은 이유는 단 한 가지인데, 그것은 고등학교 1~2학년 때 선생님 의견란에 쓰여 있는 한결같은 내용 때문이었다. 선생님들이 본 그의 장점은 행동과 생각에 일관성이 있다는 것이었다.

신문방송학과, 정치외교학과, 언론홍보학과, 사회학과 등 소위 인문학의 꽃이라고 불리는 학과들을 가기 위해 학생들이 쌓는 스펙과 활동은 굉장히 화려한 편이다. 또한, 학교생활기록부에 넣을 수 있는 활동이라면 모두 넣으려고 노력한다. 그래서 오히려 그의 일관성에서 장점과 잠재력을 알아봐 줄 입학사정관들과 교수들이 있을 것이라는 생각이 들었다.

하지만 이렇게 평범한 아이의 스펙과 스토리를 그냥 평범하게만 흘러가게 해서는 안 된다. 용을 그릴 때에도 화룡점정이 필요하듯이 그의 스토리텔링에서 필요한 것은 일관성과 성실성을 돋보이게 할 수 있는 독창적인 전공역량이었다. 그의 신문스크랩 자율활동에 포커스를 맞췄다. 하지만 단순히 신문을 스크랩하는 것만으로는 대학에 합격할 수 있는 전공역량이 아니므로 아이의 독창성을 최대한 일관된 방향으로 살릴 수 있는 전공역량을 계획했다. 나는 그에게 그동안 스크랩한 신문들을 모두 가져오라고 하고, 그 안에서 같은 주제의 기사와 칼럼을 찾게 했다. 그리고 같은 주제의 기사와 칼럼들이 신문사와 기자에 따라 어떻게 다르게 쓰였고, 이것이 어떻게 대중들에게 전달되는지 그와 함께 연구해가기 시작했다.

결국, 성은이는 자신이 갖고 있던 일관성과 성실성, 그리고 신문기사 연구 전공역량을 인정받아 본인이 가고자 하는 대학의 신문방송학과에 합격했다.

현장에서 학생부종합전형 입시를 지도하다 보면 뛰어난 학생도 그렇지 않은 학생도 만나게 된다. 그러면 교사의 입장에서 뛰어난 학생들이 더 가르치기 편할까? 반드시 그렇지

만은 않은 것 같다. 학생이 뛰어나건 평범하건 학생부종합전형 입시에서 교사의 역할은 똑같다. 학생의 재능을 훼손하지 않는 범위 내에서 대학의 학생부종합전형 선발 기준에 맞춰 부족한 부분은 채워 주고 넘치는 부분은 적절하게 깎아내는 것이 가장 중요한 교사의 역할이다. 개중에는 한 분야에 너무나 뛰어난 학생들도 있고 학생부종합전형과 맞는 부분이 하나도 없는 학생들도 있다. 그런데 무엇보다도 학생부종합전형 입시의 성패를 결정짓는 요인은 바로 학생들의 의지와 열정이다. 학생이 학생부종합전형에 대한 의지와 열정만 가지고 있다면, 그리고 그 불꽃이 꺼지지 않는다면 다른 세세한 부분은 얼마든지 교사의 개인적 역량으로 도울 수 있기 때문이다.

❸ 제3원칙 : 진실성 원칙

학생부종합전형 스토리텔링의 마지막 원칙은 '진실성'이다. 10년 이상 학생들의 학생부종합전형을 지도하다 보니 음지에서의 제안이 가끔 들어오기도 한다. 하지만 학생부종합전형의 모든 과정은 학생이 직접 해나가야 한다. 교사는 잘못된 방향으로 가지 않도록 방향을

잡아주고 학생부종합전형이 처음 계획한 로드맵에 따라 가시화될 수 있게 돕는 역할을 담당하는 것이지 자료를 대신 만들어 주는 사람이 아니다. 그리고 그렇게 한다고 해도 결과적으로 대학 입시에서 떨어질 것이다. 학생부종합전형 스토리텔링 원칙 중 가장 중요한 부분이 바로 이 진실성이다. 그간 지도해온 학생들의 학생부종합전형 스토리텔링에는 이러한 진실성이 존재해 왔다. 이것이 바로 지방권, 저 내신, 검정고시, 해외고 출신의 학생들이 수도권, 특목고, 내신이 좋은 학생들을 제치고 서울권 대학에 합격해 온 이유이다.

🎓 학생부종합전형 스토리텔링 기획 단계

입학사정관제 및 학생부종합전형 10년 노하우를 대중 강의로 만든 이유는 단 한 가지이다. 많은 학생이 학생부종합전형을 통해 대학 입시에 합격하길 바라는 이유 때문이다. 아무리 개인적으로 학생부종합전형 입시강연회를 다닌다고 해도 책이나 동영상 강의만큼 대중적으로 학생들에게까지 전달되지 않기 때문이다.

'학생부종합전형 스토리텔링의 3원칙'에서 그동안 지도해온 학생들의 사례를 통해 스토리텔링 방법을 설명했다면, 이번에는 학생들 스스로가 자신의 사례를 통해 합격하는 학생부종합전형 스토리텔링을 직접 계획하고 만드는 방법을 설명하겠다.

학생부종합전형 입시 스토리텔링 기획 단계는 크게 5가지로 나눌 수 있다.

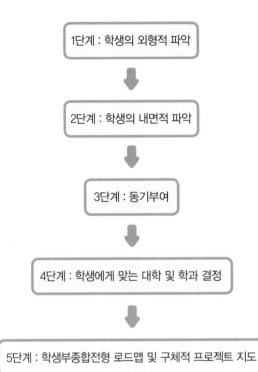

1단계 : 학생의 외형적 파악

↓

2단계 : 학생의 내면적 파악

↓

3단계 : 동기부여

↓

4단계 : 학생에게 맞는 대학 및 학과 결정

↓

5단계 : 학생부종합전형 로드맵 및 구체적 프로젝트 지도

1 1단계 : 학생의 외형적 파악

학생의 학습 태도 및 학생의 외형적 학습 동기와 목표를 파악하는 과정으로, 학생의 내면적 학습 동기와 목표를 파악하기 전 학생 및 학부모와의 상담을 통해 학생의 성향, 목표, 학습관 등을 분석하는 과정이다. 이때에는 학생의 성향 및 목표 등을 너무 구체적으로 분석하기보다는 학생에 대하여 폭넓게 알기 위해 노력하는 것이 중요하다.

2 2단계 : 학생의 내면적 파악

학생이 가진 피상적인 학습 동기와 목표가 아니라 내면 깊숙이 자리 잡고 있는 학습 성향, 구체적 동기와 목표, 트라우마 등을 섬세하게 알기 위해 진행되는 과정이다. 이때 학생의 학습동기 유무, 부모와 학생의 목표 대학 및 학과 일치 여부, 학생부종합전형 학습 능력 유무, 잠재적 학습 능력 등을 꼼꼼히 판단하고 관찰하는 것이 중요하다.

3 3단계 : 동기부여

아직 학생부종합전형 학습에 명확한 동기화가 되어있지 않은 학생들을 중심으로 1~2단계에서 평가한 내용을 바탕으로 하여 진행되는 단계이다. 보통 대부분의 고등학교 1학년 학생들이 이 단계에 해당하며, 자세한 대학 및 학과 설명과 상담을 통해 학생에게 맞는 입시 준비 방향과 동기를 설정하는 것이 중요하다.

4 4단계 : 학생에게 맞는 대학 및 학과 결정

1~3단계에서 얻은 구체적인 자료들을 분석하여 학생의 적성과 희망목표에 맞는 대학 및 학과를 결정하고, 구체적인 학생부종합전형 로드맵을 구성하고 기획하는 단계이다. 이때 중요한 점은 하나의 학과에 얽매이지 않고, 학생이 현실적으로 서울권 대학에 합격할 수 있는 입시 로드맵을 기획하는 것이다. 입시에는 여러 가지 변수가 있으므로 이를 미리 생각하여 다양한 학생부종합전형 로드맵을 기획해야 좋은 결과를 얻을 수 있다.

5 5단계 : 학생부종합전형 로드맵 및 구체적 프로젝트 지도

준비 단계가 끝나고 직접적으로 학생부종합전형 지도에 들어가는 단계이다. 1~4단계까지 학생부종합전형 준비 단계를 통해 학생에게 맞는 최적의 입시 전략과 학생부종합전형 로드맵을 구성하고, 이 단계에서는 실제로 학생부종합전형에 들어갈 구체적인 내용 및 프로젝트들을 만들고 지도한다. 이전 단계를 통해 세운 학생부종합전형 계획과 전략을 통해 실제 학생부종합전형에 들어갈 객관적인 행위와 구체적 자료들을 만들어 가는 과정이므로, 학생부종합전형 전략과 계획이 끝까지 구체적으로 실현될 수 있도록 인내와 끈기를 갖고 지도하는 것이 중요하다.

학생부종합전형 스토리텔링 기술

학생부종합전형으로 대학의 문을 열기 위해서는 자신의 삶 전체에 대한 스토리story의 컨셉concept을 잡고 텔링telling하는 방법을 잘 기획하는 것이 매우 중요하다. 자기 자신의 이야기를 타자, 즉 입학사정관, 교수들에게 보여주고, 전달하는 것은 학생부종합전형으로 대학을 가고자 하는 학생들의 가장 중요한 요소이다.

핵심 파악하기 "내 스토리를 어떻게 만들 것인가?"	**갈등 집어넣기** "뻔한 이야기 NO" "독창성과 특이성 YES"
긴장감 조성하기 "스토리텔링에 생명력 불어넣기"	**해결책 제시하기** "면접관을 사로잡는 명쾌한 힘"

1 핵심 파악하기 : 내 스토리를 어떻게 만들 것인가?

키워드를 통해 메시지를 파악하고, 그 메시지에 독특한 아이디어를 입혀 자신만의 유일한 스토리를 찾아내야 한다. 여기에서 학생들이 쉽게 실수하는 부분은 바로 이 스토리가 무엇에 관한, 무엇을 하기 위한 스토리인가? 에 관한 진지한 질문과 고민이다.

자신의 스토리를 만들기 위해서는 먼저 자신이 어떤 사람인지, 또 앞으로 무엇을 하고 싶은지 깊게 고민하고 생각해 보아야 하며, 이것에서 스토리의 핵심이 시작된다. 정치외교학과에 진학하기 원하는 학생들은 정치외교학과를 지원하는 수많은 학생과 자신의 목표가 어떻게 다른지, 또 그들과 견주었을 때 자신만 할 수 있는 이야기가 무엇인지 스토리의 목표와 스토리텔링 방향을 구체화해야 한다.

또한, 국문학과에 진학하고자 하는 학생은 국문학과의 특성을 파악하여 세부 전공 중에서 내가 할 수 있는 것과 나에게 맞는 것은 무엇인지, 내가 정한 스토리를 세부적으로 어떻게 구체화하면 경쟁자들과의 경쟁에서 더욱 우세한 위치를 차지할 수 있을지 생각하고 고민하는 것에서부터 자신만의 유일한 스토리가 발현되는 것이다.

❷ 갈등 집어넣기 : 뻔한 이야기 No! 독창성과 특이성 Yes!

인간은 호기심의 동물이다. 입학사정관이나 면접관이라고 해서 이 부분에서 예외일 수는 없다. 거의 모든 입학사정관제 전형에서 시행되고 있는 스토리텔링의 영역은 학생들 자신의 자서전 쓰기이다.

한 개인이 어떻게 성장해서 어떤 역경과 어려움을 겪었는지를 텔링하는 것은 긍정적 흥미를 갖게 만든다. 갈등 없이 평범한 이야기, 어려움 없이 이룬 성공은 왠지 너무 식상해 보이기 때문이다. 왜 이 대학, 이 학과를 선택했는지, 그 결정을 내리기까지 자신과 부딪혔던 부분들은 무엇이었는지, 그리고 자신이 이 힘든 과정을 어떻게 이겨냈는지가 바로 입학사정관들이 알고 싶어 하는 여러분들의 본질이다. 역경을 이기고 힘든 과정을 헤쳐 온 여러분들의 열정이 바로 원하고 바라는 분야에서 전문가가 될 힘의 원천이기 때문이다.

❸ 긴장감 조성하기 : 스토리텔링에 생명력 집어넣기

학생부종합전형 입시 스토리텔링에 갈등을 집어넣음으로써 여러분의 스토리텔링은 활기를 띠게 되었다. 이제 여기에 생명을 불어넣을 차례이다. 갈등은 아직 풀리지 않았다. 여러분은 이 대학 이 학과에 입학 원서를 내기까지 어떤 역경과 고난이 있었는지를 면접관들 앞에서 떳떳하게 이야기하고 전달해야 한다.

자! 이제 여러분의 유일함, 즉 자신만의 것을 면접관 앞에서 보여줘야 할 차례이다. 여러분이 가지고 있는 이 유일함은 여러분의 삶에서 나온 '엑기스'이며, 면접관에게 다가설 수 있는 유일한 무기이다. 여러분의 '유일함'은 바로 '진실'이다. 그래서 여러분의 스토리텔링은 매우 솔직하고 진실하게 만들어야 한다.

> ❝ 입시 스토리텔링을 구체화해나가야 한다.
> 그리고 그 구체화는 매우 솔직하고 진실하게 만들어야 한다. ❞

'긴장'tension은 고대 라틴어 'tendere'에서 왔다. 어원을 통해 알 수 있듯이 긴장은 늘려 당겨지는 것이다. 고무줄을 점점 더 세게 당기면 어떻게 될까? 너무 심하게 잡아당기면 끊어지겠지만, 끊어지기 바로 직전까지 걱정하게 되고, 그 걱정 속에서 서스펜스suspense, 불안감과 긴박감를 느끼게 될 것이다. 갈등을 통해 면접관은 이제 여러분의 삶에 관심을 두게 되었다. 조금 더 정확히 이야기하면 여러분을 더 알고 싶은 욕망이 생긴 것이다. 이제 여러분은 면접관의 욕망적 시간desire of time을 조금 더 연장시켜 주어야 한다.

과장된 연출을 통해 억지로 긴장감을 조성하라는 말이 아니다. 예를 들어, 교과 활동을 통해 자신만의 이야기를 찾은 학생이라면 어떤 교과목을 통해 본인이 어떤 생각을 하게 되었고, 그 과정을 넘어서 다른 활동들을 어떻게 해나갔는지 조금 더 확장된 구조로 본인의 스토리텔링을 넓혀 나가면 된다. 반대로 비교과 활동을 하던 중 이와 관련된 사항을 더욱 자세히 알고 싶어서 교과 활동의 어떤 부분들을 자기주도적으로 공부해 나갔고, 이 부분과 연관시켜 다양한 프로젝트 활동들을 어떻게 확장시켜 나갔는지에 대하여 스토리텔링하면 되는 것이다. 이처럼 진실한 목소리로 본인의 이야기를 확장시켜 나가는 것이 중요하다.

▣ 해결책 제시하기 : 면접관을 사로잡는 명쾌한 힘, 결론은 짧고 명쾌하게!

면접관에게 제시할 결론은 짧고 명쾌해야 한다. 지금까지 이 짧은 해결책을 제시하기 위해서 자신만의 유일한 스토리를 기획한 것이다. 면접관은 그동안 충실한 청자로서 여러분의 인생 이야기를 들었고, 더 알기를 원했으며, 충분히 흥미와 스펙타클을 느꼈을 것이다.

자! 이제 여러분은 잘 짜인 스토리와 명쾌한 스토리텔링 방법으로 면접관들을 충실한 관객으로 만들 수 있는 힘을 갖게 되었다. 마지막으로 관객이 원하는 명쾌한 결론을 선사하자. 그러면 여러분은 원했던 대학, 학과에서 공부하는 영광을 누리게 될 것이다.

제시하는 결론은 갈등과 관련이 있어야 한다. 갈등을 구성하고, 긴장감을 조성한 것은 여러분이 면접관에게 말하고자 하는 결론으로 가기 위한 과정에 해당한다. 그 과정에서 차곡차곡 쌓아 올렸던 핵심 갈등과 긴장감에 대한 결론을 면접관들 앞에서 명쾌하게 해결해야 한다. 갑자기 그들이 원하지 않는 전혀 다른 결론을 제시한다면 여태껏 정성스럽게 쌓아 올린 스토리텔링의 공든 탑이 무너지게 된다.

또한, 자신이 제시한 해결책 결론과 면접관들의 해답이 다르다는 것을 꼭 명심해야 한다. 면접관들은 각자 고유의 인재선발 기준을 가지고 있다. 학생부종합전형은 결국 사람이 사람을 선발하는 제도이기 때문에 주관적인 부분이 개입될 수밖에 없다. 면접관들이 여러분의 결론을 100% 이해하고, 스토리에 100% 감동받을 것으로 생각한다면, 그것은 오산이다.

면접관들은 여러분의 스토리를 듣고 싶어 하는 충실한 청자였지만, 그것은 그들이 인재를 선발해야 하는 과제를 안고 있기에 보다 능동적으로 여러분들에게 다가선 결과이기도 하다. 10년 넘게 학생들을 선발해 온 그들은 나름대로 굳건한 인재선발 기준이 있기 때문에 절대 자신의 생각과 논리를 면접관들에게 강요해서는 안 된다. 학생부종합전형 스토리에 갈등을 집어넣고 긴장감을 조성하고, 전환점을 부여한 것도 여러분의 스토리를 좀 더 자연스럽게 입학사정관들에게 전달하기 위한 방법이다.

면접관들이 여러분의 이야기에 감동하는 것과 제시한 결론을 100% 공감하고 받아들이는 것은 또 다른 부분이다. 치밀하게 스토리를 기획하고 구체적인 스토리텔링 방법으로 입학사정관들과 면접관들에게 다가서야 다른 학생들보다 입학사정관들에게 좋은 인상을 심어줄 수 있을 것이다. 하지만 절대 그들에게 여러분의 생각을 강요해서는 안 된다. 입학사정관과 면접관 스스로가 여러분의 이야기를 궁금해하고 더욱 알고 싶게 만드는 것이 가장 좋은 학생부종합전형 입시 스토리텔링이다.

STEP 02 실행하기

전공역량에 맞는
학교생활기록부

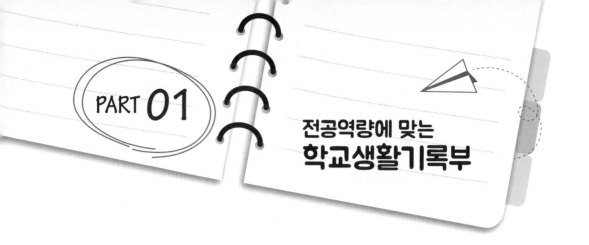

PART 01

전공역량에 맞는
학교생활기록부

여러분은 STEP 01에서 수시 전형의 70%에 해당하는 '학생부종합전형의 계획하기'를 알아봤다. 먼저 로드맵을 계획하고, 로드맵에 맞는 개인별 학생부종합전형 스토리텔링 전략까지 세워 놓았다면, 이제부터 할 일은 본인의 스토리텔링을 구체적인 학생부종합전형 평가 장치로 하나하나 풀어가는 것이다. 평가 장치의 근간이 되는 것이 바로 학교생활기록부이다.

입학사정관제에서 학생부종합전형으로 바뀌고 나서 가장 크게 변화된 부분은 바로 '학교생활기록부의 중점화'다. 기존 입학사정관제는 대학에서 재학생들의 포트폴리오와 증빙서류를 요구했었다. 재학생들도 검정고시나 해외고 출신 학생들처럼 미비한 부분에 대해서는 학교생활기록부 외의 자료를 대학에 제출하고 평가받을 수 있기 때문이다. 하지만 '학생부종합전형'으로 바뀌고 나서부터 대학에서는 재학생들에게서 학교생활기록부와 자기소개서를 제외한 다른 입학서류포트폴리오와 증빙서류 등를 일절 받지 않는다서강대 제외, 서강대에서는 5~6p 정도의 활동보고서를 받는다. 이것을 입시 방향으로 풀어 설명하면 재학생들이 학생부종합전형으로 대학에 갈 방법은 일찍부터 학교생활기록부를 올바르게 관리하고 기재하는 것밖에는 없다는 말이다.

> " 재학생들이 학생부종합전형으로 대학에 갈 방법은
> 일찍부터 학교생활기록부를 올바르게 관리하고
> 기재하는 것밖에는 없다. "

그렇다면, 이렇게 중요한 학교생활기록부를 어떻게 관리해나가야 할까?

🎓 2017~2018학년도 학교생활기록부 작성방법(교육부)

우선 학교생활기록부를 올바르게 작성해나가기 위해서는 교육부에서 학교생활기록부를 어떻게 작성하기 원하는지 알아야 한다. 다음은 개편된 고등학교용 학교생활기록부 가이드이다. 우선 교육부에서 고등학교 교사들에게 지시한 학교생활기록부 작성방법에 대한 내용을 꼼꼼히 살펴보기로 하자.

학교생활세부사항기록부 (학교생활기록부Ⅱ)

졸업대장번호					
구분 / 학년	학과	반	번호	담임성명	사진
1		10			
2		9			
3		3			

1. 인적사항

학생	성명 : 주소 :	성별 : 남	주민등록번호 : 970000 −160000
가족 부 상황 모	성명 : 권현 성명 : 권현		생년월일 : 1973 년 01 월 01 일생 생년월일 : 1973 년 10 월 10 일생
특기사항			

2. 학적사항

2010년 02월 00일 권현중학교 제3학년 졸업
2010년 03월 02일 권현고등학교 제1학년 입학
2013년 02월 07일 권현고등학교 제3학년 졸업

특기사항

3. 출결사항

학년	수업일수	결석일수	지각	조퇴	결과	특기사항
1	210					
2	195					개근
3	192					

4. 수상경력

구분	수상명	등급(위)	수상연월일	수여기관	참가대상
교내상	표창장(교육부분) 표창장 (봉사부분) 자율활동 발표대회 3년 정근상	최우수상 (2위)	2015.02.10. 2016.05.10. 2016.07.18. 2017.02.07.	권현고등학교장 권현고등학교장 권현고등학교장 권현고등학교장	1학년 1학년 2학년 3학년

5. 자격증 및 인증 취득사항

구분	명칭 또는 종류	번호 또는 내용	취득연월일	발급기관
	해당사항없음			

6. 진로희망사항

학년	특기 또는 흥미	학생	
		학생	학부모
1	말하기, 산문쓰기, 책읽기	사업가	교수
2	교육동아리 운영, 아이디어 생각하기	사업가	교수
3	글쓰기, 스피치하기, 칼럼기고하기	교육CEO	대학교수

7. 창의적 체험활동상황

학년	창의적체험활동사항		특기사항
	영역	시간	
1	자율활동	77	
	동아리활동	33	
	봉사활동	102	
	진로활동	41	
2	자율활동		
	동아리활동		
	봉사활동		

	진로활동		
	자율활동		
3	동아리활동		
	봉사활동		
	진로활동		

학년	봉사활동실적				
	일자 또는 기간	장소 또는 주관기관명	활동내용	시간	누계시간
1					
2					
3					

8. 교과학습발달사항

교과	과목	1학기			2학기			비고
		단위수	편차	석차	단위수	편차	석차	
국어	국어	4	65/78	5	4	86/80	5	
수학	수학	5	38/56	7	4	30/50	7	
영어	영어	2	54/66	3	3	34/59	7	
사회	사회	2	59/73	3				
역사	역사				4	72/69	5	
과학	과학	4	70/64	5	4	65/75	7	
기술	기술				3	66/76	4	
제2외국어	제2외국어	1		이수	4		이수	
한문/교양	한문/교양							

과목	세부능력 및 특기사항
해당사항없음	

9. 독서활동사항

학년	과목 또는 영역	독서활동 상황
1	인문	
2	사회	
3	인문	

10. 행동특성 및 종합의견

학년	행동특성 및 종합의견
1	
2	
3	

2017~2018년 학교생활기록부 기재요령(교육부)

※ 학교생활기록부에는 학생의 다양한 창의적 체험활동(진로정보 탐색활동, 봉사활동 등)
실적만을 나열하기보다는 꿈과 끼 탐색활동을 통해 학생이 변화되어가는 모습이 전
체적으로 잘 드러나도록 충실하게 기록하여 주시기 바랍니다.

– 객관적 사실에 근거하여 핵심내용 간략히 기재

- 과도한 내용(글자수) 입력, 지나친 미사여구, 칭찬 일색의 내용 구성 등 자제
- 학생의 개별적 특성이 드러나지 않는 학급 또는 학년 단위로 실시된 활동의 단순한 나열식 입력 지양

※ 학교생활기록부에는 학교교육계획이나 학교교육과정에 의거하여 학교에서 실시한 각종 교육활동의 이수상황(활동내용에 따른 개별적 특성이 드러나는 사항 중심)을 기재하는 것이 원칙입니다.

- 각종 공인어학시험(관련 교내 수상실적 포함), 교외 경시대회, 교내·외 인증시험 등의 참여 사실이나 성적(모의고사·전국연합학력평가 성적 또는 관련 교내 수상실적 포함), 교외상, 논문(학회지) 등재나 도서출간, 발명특허 내용, 해외 봉사활동실적, 부모의 사회·경제적 지위 암시 내용 등은 '행동특성 및 종합의견' 란을 포함하여 학교생활기록부의 어떠한 항목에도 기재 불가
- 학교교육계획 이외의 체험활동은 교육관련기관(교육부 및 직속기관, 시·도교육청 및 직속기관, 교육지원청 및 소속기관)에서 주최하고 주관한 행사, 청소년 단체 활동, 학교스포츠클럽활동, 봉사활동 등만 학교장이 승인한 경우에 한해 기재 가능

1 수상경력

> 훈령 제9조(수상경력) ① 재학 중 학생이 교내에서 수상한 상의 명칭, 등급(위), 수상연월일, 수여기관명, 참가대상(참가인원)을 입력한다. ③ 동일한 작품이나 내용으로 수준이 다른 상을 여러 번 수상하였을 경우, 최고 수준의 수상경력만을 입력한다.

학교생활기록부의 공신력 증진, 사교육을 유발하는 입학전형 요소 배제의 일환(고등학교 선진화를 위한 입학제도 및 체제개편 방안 등)으로 2011학년도부터 초·중·고등학교 모두 '수상경력'란에 교내상만 입력하고 교외상은 입력하지 않는다. 학교생활기록부의 공신력을 높이고, 교내상의 신뢰성을 제고하기 위한 중·고등학교의 '교내상' 운영 관련 내용

은 다음과 같다.

※ 학기초 학교교육계획에 연간 대회 및 수상내용 등의 실시계획(수상비율, 시행월, 담당 부서, 공개방식 등)을 기재한다.

※ 학기초 학교교육계획에 의거하여 실시한 교내상의 경우에 한하여 학교생활기록부에 입력할 수 있다. 단, 교육목표 달성을 위하여 불가피하게 학교장의 결재를 득하여 시행한 경우에도 입력할 수 있다.

연번	수상명	시행(월)	참가대상	수상비율	담당부서	공개방식
1	독후감쓰기대회	4월	전교생 중 참가자	20%	□□부	학교홈페이지
2	선행상	5월	전교생	10%	◇◇부	가정통신문, SNS

※ 교내상 수상인원은 대회별 참가인원의 20% 이내로 권장하되, 학교 규모 및 대회 특성에 따라 학교장이 자율적으로 수상비율을 정할 수 있다.

※ 교내대회가 공정하게 이루어지도록 대회 실시 이전에 대회 요강(시기, 운영·심사방법, 수상인원 등)을 공개하도록 한다.

　- 공개 방법은 학생/학부모 서비스, 가정통신문, 학교 홈페이지, 학교·학급 게시, SNS 활용 등 학교장 재량으로 정한다.

※ 동일 대회에서 학년별로 시상하는 경우, 참가대상은 각 학년으로 한다.

　- ○○대회에 전교생이 참가하고 시상은 학년별로 한 경우, 참가대상은 각각 '1학년', '2학년', '3학년'이다.

※ 참가대상과 참가인원은 실질적인 대회에 참가한 대상과 참가인원으로 하되, 대회의 실시결과 등을 근거로 입력한다.

　- 참가인원의 입력 기준은 대회인 경우 대회참가 인원 기준으로, 포상대상자 추천인 경우 추천 인원 기준으로 입력한다.

❷ 진로희망사항

> 훈령 제11조(진로희망사항) 학기 중에 진로지도를 실시하여 파악한 학생의 특기 또는 흥미, 학생과 학부모의 진로 희망, 학생의 희망 사유를 입력한다.

진로지도의 목표는 자기의 진로를 스스로 설계할 수 있는 진취적 능력을 기르도록 도와주는 데 있다. 진로지도에 임하는 교사는 인간의 희망과 꿈이 성장 과정에 따라 변하고, 직업의 종류 또한 다양화·고도화·전문화되고 있으므로, 직업의 세계에 대한 정보를 제공하여 학생들로 하여금 본인의 적성과 능력에 맞는 진로를 선택하는 데 올바른 판단을 할 수 있도록 이끌어 주어야 한다.

※ '진로희망'에는 본인의 특성(적성, 인성, 지능 등)을 이해하고, 주위의 환경을 충분히 고려해 본인의 능력에 맞는 직업을 구체적으로 탐색하도록 하여 입력한다.

※ 학생의 진로희망을 이해하는 데 도움을 주고 개인 맞춤형 진로지도를 하기 위하여 '진로희망사항'에 학생의 진로 '희망사유' 항목을 입력한다.

- '희망사유'는 2014학년도에는 중·고등학교 1학년, 2015학년도에는 중·고등학교 1·2학년, 2016학년도에는 중·고등학교 전 학년에 적용한다.

※ 진로희망사항의 '특기 또는 흥미', '진로희망(학생·학부모)', '희망사유'는 학급담임교사가 진로지도 후 입력하며, 진로전담교사의 심화진로지도 자료가 있는 경우 이를 받아 입력한다.

- '희망사유'는 학생의 희망직업에 대한 진로선택 동기, 이유, 계기 등의 상담 결과를 기초로 입력한다.

❸ 창의적 체험활동 상황

훈령 제13조(창의적 체험활동상황) ① 창의적 체험활동의 4개 영역별 활동내용, 평가방법 및 기준은 교육과정을 근거로 학교별로 정하며, 자율활동, 동아리활동, 봉사활동, 진로활동의 영역별 이수시간 및 특기사항(활동실적이 우수하거나 개별적 특성이 드러나는 사항 등)을 입력한다. ② 제1항의 봉사활동 영역의 실적은 학교계획에 의한 봉사활동과 학생 개인계획에 의한 봉사활동의 구체적인 내용을 별도의 '봉사활동실적'란에 연간 실시한 봉사활동의 일자 또는 기간, 장소 또는 주관기관명, 활동내용, 시간을 실시일자순으로 모두 입력하며, 체계적이고 지속적인 봉사활동 등 특기할 만한 사항이 있는 경우 봉사활동 특기사항란에 자세히 입력한다. ③ 제1항의 규정에 의한 영역별 누가 기록은 공정성, 객관성, 투명성, 신뢰도, 타당도 등이 확보되도록 서식을 개발하여 활용하되, 전산 입력하여 관리함을 원칙으로 한다. ④ 제1항의 '진로활동' 특기사항에는 활동실적이 우수한 사항과 각종 진로검사 및 진로 상담 결과, 관심분야 및 진로희망과 관련된 학생의 활동내용 등 학생의 진로 특성이 드러나는 사항을 담임교사가 입력한다. ⑤ 제1항의 동아리활동 중 학교스포츠클럽활동의 실적은 활동 인정기간 동안 학교장이 승인한 학교스포츠클럽활동의 구체적인 활동 내용으로 '동아리활동'란에 클럽명, 활동시간, 팀에서의 역할, 포지션, 대회출전경력 등을 입력하되, 활동시간은 동아리활동 이수시간에 합산한다. ⑥ 제1항의 동아리활동 중 청소년단체활동의 실적은 학교교육계획에 의한 청소년단체활동과 학교장의 승인을 받은 학교교육계획 이외의 청소년단체활동으로 구분하여 '동아리활동'란의 특기사항에 입력할 수 있다.

창의적 체험활동은 학생들이 자발적으로 참여하여 개개인의 소질과 잠재력을 계발·신장하고, 자율적인 생활 자세를 기르며, 타인에 대한 이해를 바탕으로 나눔과 배려를 실천함으로써 공동체 의식과 세계 시민으로서 갖추어야 할 다양하고 수준 높은 자질 함양을 지향하는 교육과정으로 지식과 인성이 겸비된 균형 있는 교육을 실천하는 것이다.
창의적 체험활동의 하위 4개 영역은 '자율활동', '동아리활동', '봉사활동', '진로활동'으로 각 영역별 세부활동 내용은 표와 같다.

영역		세부활동 내용
자율 활동	적응활동	입학, 진급, 전학, 기본생활관 형성, 축하, 친목, 사제동행, 학습· 건강·성격·교우 등의 상담활동 등
	자치활동	학급회, 학생회 협의활동, 모의 의회, 토론회, 자치법정 등
	행사활동	시업식, 입학식, 졸업식, 종업식, 전시회, 발표회, 학예회, 경연대 회, 학생건강체력평가, 체육대회, 수련활동, 현장학습, 수학여행, 문화답사, 국토순례 등
	창의적 특색활동	학생·학급·학년·학교·지역특색활동, 학교전통수립·계승활동 등
동아리 활동	학술활동	외국어회화, 과학탐구, 사회조사, 컴퓨터, 인터넷, 신문활용, 발 명, 다문화탐구 등
	문화예술활동	문예, 창작, 회화, 조각, 서예, 전통예술, 현대예술, 성악, 기악, 뮤 지컬, 오페라, 연극, 영화, 방송 등
	스포츠활동	구기, 육상, 수영, 체조, 배드민턴, 인라인스케이트, 하이킹, 야영, 민속놀이, 씨름, 태권도, 택견, 무술 등
	실습노작활동	요리, 수예, 꽃꽂이, 조경, 사육, 재배, 설계, 목공, 로봇제작 등
	청소년단체활동	스카우트연맹, 걸스카우트연맹, 청소년연맹, 청소년적십자, 우주 소년단, 해양소년단 등
	학교스포츠클럽 활동	정규교육과정 내에서 이루어지는 중학교 '학교스포츠클럽 활동' 과 정규교육과정 이외의 학교스포츠클럽 활동(방과 후 학교스포츠 클럽 등)
	또래조력활동	또래 상담, 또래 중재(조정, 중조) 등
봉사 활동	교내봉사활동	학습부진 친구, 장애인, 병약자, 다문화가정 학생 돕기 등
	지역사회 봉사활동	복지시설, 공공시설, 병원, 농·어촌 등에서의 일손 돕기, 불우이 웃돕기, 고아원, 양로원, 군부대에서의 위문 활동, 재해 구호, 국 제 협력과 난민 구호 등
	자연환경 보호활동	깨끗한 환경 만들기, 자연 보호, 식목 활동, 저탄소 생활 습관화, 공공시설물, 문화재 보호 등

영역		세부활동 내용
진로 활동	캠페인활동	공공질서, 교통안전, 학교 주변 정화, 환경 보전, 헌혈, 각종 편견 극복 등
	자기이해활동	자기 이해 및 심성 개발, 자기 정체성 탐구, 가치관 확립 활동, 각종 진로 검사 등
	진로정보 탐색활동	학업정보 탐색, 입시 정보 탐색, 학교 정보 탐색, 학교 방문, 직업 정보 탐색, 자격 및 면허 제도 탐색, 직장 방문, 직업 훈련, 취업 등
	진로계획활동	학업 및 직업에 대한 진로 설계, 진로 지도 및 상담 활동 등
	진로체험활동	학업 및 직업 세계의 이해, 직업 체험 활동 등

창의적 체험활동은 영역별로 학급담임교사와 창의적 체험활동 담당교사가 분담하여 평가하고, 평소의 활동상황을 누가 기록한 자료(에듀팟 등)를 토대로 활동실적, 진보의 정도, 행동의 변화, 특기사항 등을 종합하여 '특기사항'란에 학급담임교사나 창의적 체험활동 담당교사가 문장으로 입력한다.

4 독서활동상황

> 훈령 제15조의 3(독서활동상황) ① 중·고등학교의 개인별·교과별 독서활동상황은 독서활동에 특기할 만한 사항이 있는 학생을 대상으로 학기말에 입력한다. ② 독서분야 및 읽은 책, 독서성향 등 특이사항을 사실 위주로 교과담당교사가 입력하는 것을 원칙으로 하되, 담임교사도 입력할 수 있다.

독서활동은 교과목별로 해당교과 관련 독서활동을 교과담당교사가 입력하되, 특정 교과에 해당하지 않을 경우 학급담임교사가 공통으로 입력할 수 있다.

※ 2014학년도부터 학급담임교사가 입력하던 '인문', '사회', '과학', '체육·예술' 등 4개 영역을 '공통'으로 단일화하여 서식을 간소화한다.

※ 독서기록장, 독서 포트폴리오 등의 증빙자료는 학생 개인이 보관한다.

※ '독서활동상황'란에는 독서 관심 분야, 읽은 책, 특이사항 등 독서 성향 및 이력을 사실 위주로 입력한다.

5 자격증 및 인증 취득상황

훈령 제10조(자격증 및 인증 취득상황) ① 학생이 취득한 자격증의 명칭 또는 종류, 번호 또는 내용, 취득연월일, 발급기관을 입력하며 원본을 대조한 후에 취득한 순서대로 입력한다. ② 제1항에 따라 기재할 수 있는 자격증은 국가기술자격법에 의한 국가기술자격증, 개별법령에 의한 국가자격증, 자격기본법에 의한 국가공인을 받은 민간자격증 중 기술과 관련 있는 내용으로서 고등학생이 재학 중에 취득한 것으로 한다. ③ 제1항 및 제2항의 내용은 초등학교와 중학교 학교생활기록부인 별지 제1호 내지 제2호 및 제4호 내지 제5호의 '자격증 및 인증 취득상황'에는 입력하지 않는다. ④ 고등학교의 장은 학교교육계획에 의한 국가직무능력표준의 이수상황을 학교생활기록부에 기재할 경우 별지 제3호, 제6호의 서식에 따라 입력한다.

고등학생이 재학 중 취득한 기술 관련 자격증으로 국가기술자격법에 의한 국가기술자격증, 개별 법령에 의한 국가자격증, 자격기본법에 의한 국가공인을 받은 민간자격증을 입력한다. 국가공인 민간자격은 국가외의 법인이 운영하는 민간자격 중 우수한 민간자격을 국가가 공인해 주는 제도로 기술 관련 국가공인 민간자격 현황은 교육정보시스템에서 제공하고 있으므로 확인 후 입력한다.

🎓 교육부에서 제시한 학교생활기록부 작성요령이 의미하는 것

교육부에서 꽤 자세한 학교생활기록부 가이드라인을 전국의 고등학교에 배포했음에도 불구하고 가이드라인의 실효성이 떨어진다고 볼 수 있다.

1. 수상경력에 관하여 가장 우려되는 부분은 20% 안에 들지 못하는 학생들은 수상경력을 인정받을 수 없고, 고등학교에서 제정한 수상으로 수상경력이 제한되므로 객관성이 떨어진다.

2. 수상경력 특이사항을 보면 '학교생활기록부의 수상경력 기재는 교내 수상으로 제한'하고 있지만, '학교교육계획 이외의 체험활동은 교육관련기관교육부 및 직속기관, 시·도교육청 및 직속기관, 교육지원청 및 소속기관에서 주최하고 주관한 행사, 청소년 단체활동, 학교스포츠클럽활동, 봉사활동 등 학교장이 승인한 경우에 한하여 기재가 가능'해서 일반고와 특목고, 자사고 간 학생들의 수상경력 폭과 객관성에 혼선이 생길 수 있는 문제를 간과할 수 없다. 학교 특성상 본인의 전공역량에 대한 수상대회가 없거나, 성적이나 기타 이유로 학교 선생님과의 소통이 원활하지 않을 수도 있고, 학교의 학생부종합전형 관심도 및 프로그램의 차이일반고, 특목고, 자사고 간, 학부모와 학교 간의 밀착 정도의 차이 등에 의해 학생들이 본인의 전공역량을 순수하게 학교생활기록부에 기재하는 것이 어려워진다. 이 때문에 대학에서는 독창적인 전공역량을 가진 학생을 선발할 기회를 잃을 수 있다.

3. 진로희망사항의 기재요령을 충실하게 따르기 위해서는 적어도 고등학교 1학년 때부터 학생의 진로 및 적성 지도가 이루어져야 하는데 고등학교 교육여건 상 이 부분은 현실화되기 매우 어렵다.

4. 창의적 체험활동 사항 기재요령에서는 영역별 세부활동을 표로 자세하게 제시하고 있지만, 이 표에는 획일적인 종목과 분류만 제시되어 있다. 정작 아이들을 선발하는 대학의 관점에서 필요한 전공역량의 개발 방법과 학생부종합전형으로 대학에 진학할 때 필요한 전공역량과 창의적 체험활동 간의 연계성은 크게 떨어지는 편이다.

🎓 학교생활기록부 작성 범위 안에서 본인만의 전공역량 만들기

　10년간 현장에서 상위권 학생들의 학생부교과전형과 저 내신, 검정고시, 해외고 출신 학생들의 학생부종합전형을 지도하면서 관심을 둔 부분이 바로 '학교생활기록부 작성 범위 안에서 자신만의 전공역량 만들기'이다. 학생부종합전형에 대해 수많은 사람이 말하고 있지만, 정작 학생들 입장에서 학생부종합전형을 이야기하는 사람은 많지 않다.

　학생부종합전형을 준비하며 가장 먼저 알아야 할 것은 학생부종합전형의 주체가 '대학'이라는 것이다. 물론 대학도 교육부의 가이드라인과 지침을 따를 수밖에 없지만, 근본적으로 고등학교와는 그 성질이 다르다. 학생부종합전형으로 대학에 합격하기 위해서는 이 부분을 잘 알고 이해해야만 한다. 대학은 교육부의 지침과 가이드대로만 움직이지 않고, 독자적인 학생부종합전형 선발 기준을 만들고 확립해 왔다는 것을 알아야 한다. 그래야 우리는 대학에 합격하는 학생부종합전형 기준에 한 발짝 더 가까이 다가설 수 있기 때문이다.

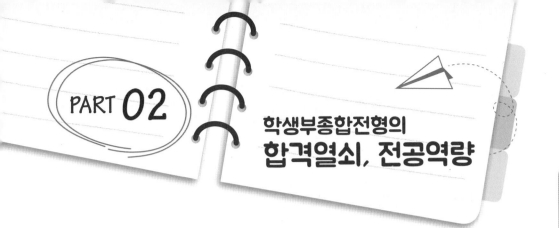

PART 02

학생부종합전형의
합격열쇠, 전공역량

2008년부터 시작된 입학사정관제의 이름이 학생부종합전형으로 바뀌고 입학사정관들이 가장 크게 합격의 기준점으로 판단하는 부분이 바로 이 '전공역량'이다. 과거 입학사정관제에서는 재학생들도 학교생활기록부에 기록되지 않는 비교과 내용에 대하여 증빙서류와 포트폴리오를 제출했기 때문에 이 전공역량 부분을 따로 떼어서 입학사정관들에게 보여줄 수 있었다. 하지만 학생부종합전형으로 바뀌고 나서 재학생들은 오로지 학교생활기록부를 통해서만 본인의 전공역량을 풀어내고 입증해야만 한다.

학생부종합전형 때문에 찾아오는 학생들을 보면, 가령 심리학과에 진학하겠다는 학생의 학교생활기록부에 심리학에 관련된 내용이 하나도 없고, 의대에 진학하겠다는 학생의 학교생활기록부에 의학에 관련된 내용이 하나도 없는 경우가 많다. 학생부종합전형에 있어서 전공역량은 원하는 대학에 들어갈 수 있는지 없는지를 결정하는 중요한 평가요소이다. 만일 스스로가 지원 학과에 대한 전공역량을 구체적으로 만들어 가고 있지 않다면, 이는 학생부종합전형으로 대학에 갈 준비가 전혀 안 되어 있다는 뜻이다.

🎓 나에게 맞는 전공역량 어떻게 만들까?

대학에서 요구하는 인재는 이미 다 만들어진 인재가 아니라, 배우고 가르쳐서 대학에서 만들어 갈 인재의 자질을 입시를 통해 평가하는 것이다. 그래서 학생부종합전형에서는 본인의 이야기를 실행하는 과정에서 본인이 목표로 정한 학과의 성격과 관련된 본인만의 독창적이고 객관적인 전공역량을 만들어 나가는 것이 중요하다.

🎓 학생부종합전형 전공역량에 대한 잘못된 소문들

쉽게 대학에 가고자 하는 학생과 학부모들은 오래전부터 어학특기자전형, 즉 어학 점수 하나만 제대로 가지면 대학에 쉽게 들어갈 수 있다고 생각한다. 10년 동안 현장에서 학생들을 가르치면서 매년 이런 학부모들과 대화를 나누다 보면 그들의 공통된 생각은 '조금 더 쉽게' 대학에 보내려는 것이다. 어학특기자전형은 실제로 내신, 비교과 활동이 들어가지 않고 공인어학점수 하나만 보고 학생을 선발하는 전형이므로 내신도 안 좋고, 비교과 준비도 안 되어 있는 학생 및 학부모들에게는 금상첨화일 것이다. 하지만 대학에서는 형평성을 이유로 매년 어학특기자전형의 선발 인원을 축소했고, 현재는 어학에 관련된 학과에 한하여영문, 일문, 중문 등 1~2명 정도의 학생들만을 선발하고 있다.

그래서 이런 생각을 하고 있던 학생들이 대학에 들어갈 수 있는 문이 좁아지자 생긴 소문들이 국제화전형 입시에서의 공인어학점수 및 성적에 대한 이야기로 확장되어갔다. '국제학부 국제화전형에 합격하기 위해서는 공인어학성적이 있어야 한다', '토플이 몇 점 나와야 하고 토익이 몇 점 나와야 한다' 등. 이렇게 무성한 소문은 국제학부를 국제화전형으로 지원하는 학생들을 타고 학생부종합전형과 순수 특기자전형에까지 전파되었다. 심지어 강연회에서 학부모들을 만나면 학생부종합전형에 공인어학성적을 기입하면 아이의 스펙이 높아질 것이라고 착각하고 있는 경우도 심심치 않게 볼 수 있었다.

결론부터 말하자면 학생부종합전형, 학생부종합전형류의 특기자전형연세대의 인문학/사회과학/과학공학인재 계열, 고려대의 융합형인재 등 그 어디에도 공인어학성적에 대한 이야기가 없고, 오히려 자기소개서에 공인어학성적에 대한 것을 언급하면 0점 처리 또는 불합격 처리된다. 이렇게 학생부종합전형에서 공인어학성적에 대한 언급을 금기하는 상황인데도 소문은 역으로 돌고 있으니, 학생부종합전형에 대해 많은 오해가 있는 것 같다. 또한, 국제화전형의 외국어 역량은 서류와 면접을 통해 종합적으로 평가 된다.

- **서류** : 외국어 역량, 고교 성적, 고교 재학 중 활동 등과 관련된 지원자의 제출 서류를 종합적으로 평가함,
- **면접** : 한국어로 진행되며 2인 이상의 면접위원이 글로벌 리더로서의 소양과 본교 인재상에 부합하는 기본 역량을 갖추고 있는지 심층적으로 평가함단, 국제학부는 영어심층면접(영어 에세이 능력 포함)을 실시함

국제화전형의 평가 기준을 보면 학생의 종합적인 어학능력을 심층적으로 평가하는 것이지, 공인어학성적을 보는 것이 아니다.

🎓 학생부종합전형에 맞는 합격하는 전공역량은 무엇인가?

학생부종합전형의 전공역량 평가는 철저히 학교생활기록부로 이루어진다. 합격하는 전공역량을 만들기 위해서는 먼저 희망 학과에 관련된 세부 전공을 정하고 거기에 맞는 역량을 개발해야 한다.

예를 들어, 심리학과에 지원하고자 했던 한 학생은 심리학 영역 중에서도 어떤 영역을 특화시켜서 전공역량을 만들어 나갈지 고민하고, 거기에 부합되는 봉사, 동아리, 진로, 자율, 프로젝트, 리더십, 독서활동 등을 함으로써 본인만의 전공 역량을 만들어 나갈 수 있다.

심리학과에 입학하길 희망하는 한 학생나의 제자은 우울증을 앓고 있는 고모를 보고 어렸을 때부터 임상심리사가 되고 싶다는 꿈을 키워왔다. 그는 고모를 통해 우울증이 얼마나 힘든 병이고, 우울증으로 얼마나 힘겨운 삶을 살아가고 있는지 생생히 지켜볼 수 있었다. 그래서 여러 심리학 분야 중에서도 사람의 마음을 감정하고 판단하는 임상심리 영역을 선택했다. 그리고 본인의 이야기에 맞는 전공역량을 만들기 시작했다.

먼저, 우울증이 청소년기 때부터 발현된다는 것에 주안점을 두고 교내에 익명의 상담 우체통을 개설했고 어려움이 있거나 본인의 고민을 누군가에게 털어놓기 원하는 친구들을 대상으로 '상담 레터'를 운영했다. 그리고 조금 더 확실하게 도움을 주기 위해 민간 자격증인 심리상담사 공부를 했고, 방학을 활용해 정신병동에서 자원봉사를 하며 정신적으로 어려움을 겪는 사람들을 만나고 관찰했다. 그는 이러한 활동 과정에서 정신과에 상담을 받으러 오거나 정신적으로 어려움을 겪는 사람들이 우리 주변에 뜻밖에 많다는 것을 느꼈고, 요즘 부쩍 마음이 아픈 사람들이 많은 이유는 경쟁 위주의 사회에서 누군가와 진정으로 마음을 나누고 정을 쌓기가 어렵기 때문이라는 결론을 내릴 수 있었다.

그래서 이 학생은 본인이 다니고 있는 모교뿐만 아니라 다른 학교를 대상으로 '마음 나누기 클러스터'를 만들었고, 클러스터에 가입하는 친구들을 대상으로 꾸준히 강연, 토론회 등을 열었다. 임상심리사의 꿈을 이루기 위하여 해온 다양한 활동을 통해 깨달은 것들을 친구들과 함께 공유하고 나누기 위해 노력했다. 이러한 과정에서 이 학생이 만든 '마음 나누기 클러스터' 동아리가 정식 연합동아리로 인정받는 결실을 볼 수 있었다.

바로 이것이 학생부종합전형에서 원하는 진정한 전공역량이다. 물론 학생의 성향을 파악하고 이에 맞는 구체적인 학생부종합전형 전공역량을 계획하여 일관성 있게 꾸준히 실천한 결과였고, 이 학생은 그 해 내신 4.4등급으로 서울권 대학 심리학과에 합격했다.

🎓 논문, 과연 학생부종합전형에 적절한 전공역량일까?

요즘 학원가에서 R&E^{Research and Education} 라는 청소년소논문이 인기이다. 특목고는 부족하나마 논문 지도가 되지만, 일반고에서는 논문 지도까지는 어려운 실정이니 학원을 찾아 소논문 지도를 받는 것이다. 학생부종합전형의 전공역량으로 소논문을 활용하는 것이

R&E(Research and Education)
학생들이 팀을 만들어 특정 주제를 조사·연구활동을 하고, 이를 소논문 형식으로 정리·발표하는 교육과정이다.

과연 도움이 될까? 나의 대답은 '도움은 될 수 있겠지만, 논문만 가지고는 효과를 보기 어렵다'는 것이다. 그러면 어떻게 논문을 준비해야 학생부종합전형에 합격하는 데 도움이 될까?

위에서 이야기했듯이 학생부종합전형의 전공역량에는 학생만의 뚜렷한 목표와 창의적이며 객관적인 행동이 내포되어야 한다. 그래서 소논문만 가지고는 큰 힘이 되지 못하기 때문에 소논문을 쓰기 전 단계에서부터 학생의 행위와 사유가 담겨 있어야 한다.

위의 학생이 학교에서 상담 레터를 만들고, 정신병동에 가서 봉사하고, 클러스터 활동을 통해 깨달은 모든 총체적 지식을 논문이나 책으로 쓰면 그것이 바로 경험과 행위에서 우러나온 소논문과 저서가 되는 것이다. 하지만 이러한 구체적인 행위와 행위를 통한 깨달음이 없는 논문 쓰기는 학생부종합전형으로 대학에 합격하는 데 별 도움이 되지 못한다. 대학은 수험생들이 논문을 쓰는 것을 별로 달가워하지 않기 때문이다.

학원의 논문 쓰기반 과정은 실로 쓴웃음을 자아낸다. 학위가 걸린 것도 아니고 졸업이

걸린 것도 아닌데, 학생들은 이유도 모른 채 논문의 아웃라인부터 참고 문헌, 각주 다는 법까지 세세하게 매달린다. 논문이라는 것은 석사 혹은 박사과정 동안 본인이 연구한 주제들을 가지고 최소 1~2년에 걸친 연구결과를 중심으로 쓰는 것이다. 그런데 불쌍한 아이들은 대학 입시의 스펙이 된다고들 하니까 연구 주제도 없이, 연구 성과물도 없이 논문 쓰는 법부터 배우는 것이다. 그리고 막상 쓸 내용이 없으니 다른 사람들이 쓴 논문을 찾아 베끼고 각주나 참고 문헌에 다른 사람들의 논문 제목과 저자명을 잔뜩 넣는 것으로 소논문을 때운다.

이런 건 논문이라고 할 수 없다. 심지어는 학원이 재정 상태가 어려운 일부 학회나 기관과 손을 잡고 이런 논문들을 학회지에 등록까지 시키고 있는데, 이렇게 마구잡이식으로 양산해 내고 있는 논문과 소논문은 학생부종합전형 합격에 도움이 되지 못한다.

학생부종합전형에 도움이 되는 소논문은 본인의 이야기에 맞게 연구 주제를 정하고, 본인이 꿈을 이루기 위해 노력한 과정에서 나온 내용들을 중심으로 구성해야 한다. 이렇게 일관적이고 독창적인 내용을 논문 혹은 책이라는 틀에 맞춰 객관적으로 입학사정관들에게 전달할 수 있을 때, 대학이 원하는 전공역량으로 빛을 발하는 것이다.

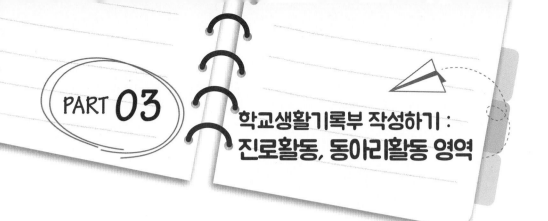

학생부종합전형 합격의 가장 중요한 포인트는 본인이 계획한 로드맵에 따라 본인만의 학생부종합전형 평가 서류들을 만드는 것이다. 이번에는 학생부종합전형으로 대학 입시에 합격한 학생들의 학교생활기록부를 중심으로 합격하는 학교생활기록부 작성법에

초입방체(Hypercube)

다차원입방체(Multidimensionalcube)라고도 한다. 초입방체는 정사각형과 정육면체 등을 n차원으로 폴리토프(디포제)이다. 서로 평행이거나 직교하는 선분들로 닫혀있는 볼록한 콤팩트 공간을 이룬다.

대해 자세히 알아보자. 그리고 앞에서 이야기한 학생의 전공역량들이 학교생활기록부의 7대 창의적 체험활동 영역 안에서 연관성을 가지고 초입방체Hypercube로 기록되어야 한다.

🎓 진로활동 영역

장래희망과 진로활동 영역은 진로에 대한 고민과 고등학교 3년 동안의 행적을 기록하는 영역이다. 이 부분에는 본인의 진로를 찾기까지의 구체적인 행적들이 잘 드러나야 한다.

예를 들어, 스포츠마케터를 꿈꾸는 학생이 고등학교 축구선수를 하면서 본인이 생각한 현 아마추어 축구선수들의 여러 가지 문제점들을 전공역량화하려고 한다면, 먼저 고등학교를 졸업하고 프로 구단에 입단하는 프로 선수의 문제점, 프로에 발탁되지 못한 아마추어 선수들의 문제점 등 다양한 문제들을 인식해야 한다. 그리고 본인이 꿈을 이루기 위해 현재 하고 있거나 해 온 활동들과의 다양한 연관성을 찾아야 하며, 그 과정 안에서 본인만의 꿈을 탐색하는 과정을 진정성 있게 입학사정관들에게 전달하고 증명해야 한다.

학교생활기록부의 진로활동 영역은 학생의 이야기가 시작되는 시작점이다. 대학의 입학사정관들은 학생들의 장래희망과 진로활동 영역의 일관성, 구체성을 보고 학생의 전공역량에 대한 관심도, 열정, 발전 가능성, 성실성과 참여도 등을 평가한다. 따라서 전공역량과 학교생활기록부 진로활동 영역의 연관성이 매우 중요하다.

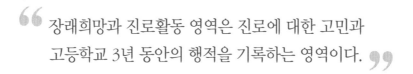

66 장래희망과 진로활동 영역은 진로에 대한 고민과
고등학교 3년 동안의 행적을 기록하는 영역이다. **99**

■1 창의적 전공역량과 관계된 진로활동 영역을 만드는 방법

학년	창의적 체험활동 상황		
	영역	시간	특기사항
1	진로활동	78	1학기 학급회장으로 소풍에 참가한 급우들 간의 우애를 다지고 성폭력 예방 운동을 전개함. 교내 학교 축제에 솔선수범하여 행사를 도움. 문화체험 행사의 일환으로 마련된 전시회에서 공연예술에 대한 이해와 정서적 순화를 가짐. 교내 금연 캠페인의 일환으로(이하 생략)

위의 표는 학교생활세부사항기록부(학교생활기록부 II)에 해당하는 실제 학생의 진로활동 영역 내용이다. 입시강연회를 나가 학생들의 학교생활기록부 내용을 보면 대부분 평이

하다. 그 이유는 비슷한 활동을 하고, 이를 비슷하게 정의 내리기 때문이다. 심지어 본인이 한 행동에 대해 그 어떤 의미도 정립하지 못하고 그저 '학교에서 하라'는 대로 따라 했을 뿐이라고 말하는 학생들도 많다. 그러면 어떻게 해야 합격하는 학교생활기록부의 진로활동 영역을 만들어 갈 수 있을까?

실제로 학생부종합전형을 통해 대학에 합격한 학생의 진로활동 영역을 살펴보자.

○○학년도에 학급 반장으로 국제적인 외교 전문가가 되기 위해 리더십 소통 프로그램에 적극 참여함. 인권의식의 강화는 글로벌 대화와 소통의 기본이라고 생각하여 자살예방교육에 참여하여 생명 중시의 자세와 구체적인 자살예방교육의 필요성을 공부하고, 학급회의 시간을 통해 급우들에게 생명존중의 중요성을 설명함. 국제외교 전문가의 품성과 인간적 자질을 익히기 위해 ○○ 박물관을 견학하고 ○○ 시향 오케스트라 음악회에 참석해 미래 국제외교 전문가가 지녀야 할 품성과 태도를 익힘. ○○ 단장으로 단원들을 잘 끌고 가고, ○○○를 방문해 ○○ 캠페인에 참여하고, ○○ 프로젝트에 ○○ 기획안을 제출해서 단원들이 직접 ○○ 프로젝트에 참여할 기회를 제공함. (이하생략)

외교관이 꿈이었던 이 학생은 진로활동 영역을 본인의 꿈과 능력을 개발할 수 있는 활동들을 하면서, 구체적인 의미들을 채워나가고 있다. 이처럼 합격하는 학교생활기록부의 창의적 체험활동 역량 중 진로활동 영역에서는 '꿈과 관련된 활동들을 통해 어떻게 본인의 생각과 전공역량을 키워 나가고 있는지'를 입학사정관들에게 구체적으로 보여줘야 한다.

❷ 학과별 전공역량에 맞는 진로활동

경영학과	경제경영 체험으로 배우는 금융과 투자, 리더십과 의사소통능력 향상, 글로벌 시대의 외교와 경제 교과서에 나오는 환율 이야기 등 관련 분야의 교육을 듣고 자기 본인의 진로에 대해 많은 관심과 흥미를 느끼며 적극적으로 노력하고 있음. 제5회 ○○ 진로교육체험전에 참가하여 자기이해관, 직업탐색관, 진로설계 등의 체험관에서 체험하고 느꼈음. 진로 탐색을 실시하여 본인의 적성에 적합한 직업분야와 경영분야를 탐색하고 미래 사업 분야의 사업계획서를 구체적으로 써봄. 또한, 본인이 미래에 하고자 하는 경영분야에서 성공한 CEO의 특성을 분석하고 경영동아리 회원들과 함께 본인이 분석한 성공 CEO들의 이야기를 정독함. 미래의 7대 유망직업 탐색활동을 통해 본인의 적성 및 흥미에 따른 진로를 찾고 그 과정을 대학의 자기소개서에 그대로 써봄. 또한, 그동안 본인이 롤모델로 삼던 경영분야의 CEO를 직접 찾아가 만나고, 그때 나눴던 이야기들을 아침 조회 시간에 교내방송을 통해 후배들에게 전달함.
경제학과	경제 탐구부에 참여하고 있으며, 탄탄한 경제 이론을 바탕으로 경제 현상에 대한 종합적 이해와 분석력이 탁월함. 발표력이 뛰어나고 경제 전반 사항에 대해 이해하기 쉽도록 설명을 잘함. 기획재정부 공동 주최 전국 고교생 한마당에 참가하여 경제 분야에 대한 관심과 지식들을 꾸준히 쌓아감.
심리학과	매주 1회의 진로탐색활동 시간을 통해 본인의 정체성에 대하여 고민하는 시간을 갖고 자존감 향상을 위해 노력했으며, 본인이 희망하는 전공인 심리학과에 대한 진로계획을 구체화함. 임상심리학이 무엇인지에 대한 정보와 실제 임상심리학 및 사회심리학자의 인터뷰를 통해 임상심리학을 주제로 진로 리포트를 제작함으로써 청소년 전문 임상심리학자라는 구체적 진로를 세움.
신문방송학과	교내 신문 읽기 동아리 회장으로 신문 사설과 여러 이슈에 대한 견해를 밝히고 본인의 주관을 표현하는 활동을 함. 직업정보를 탐색하여 본인의 희망직업을 선택해 보고, 합리적인 의사결정 과정을 통하여 진로를 찾아 나감. 또한, 교내 방송부로서 본인이 맡은 일에 최선을 다하고 학교 행사 등에 적극적으로 참여함. 근면 성실하여 본인이 맡은 일은 끝까지 해내며, 남을 배려할 줄 아는 마음을 가지고 있어 다른 방송부 친구들을 잘 이해하고 협동하며 방송반 활동을 해 나감.
정치외교학과	OOO 거버넌스 세계의 각종 상황에 대해 깊은 관심을 가지고 부서활동에 적극 참여함. 특히 세계 여성인권 현황에 대해 깊은 관심을 가지고 탐구한 후 창의적인 대책을 입안하기도 함. 한국-미국 문화교류의 일환으로 국제교류, 국제교육, 문화교류 등 우호관계 증진에 기여함. 국제 스카웃 연맹 활동을 통해 단원들을 잘 리드하고 매사에 책임감 있게 행동함. 또한, 장애인 인권문제에 대한 포럼과 세미나를 통해 장애인 인권문제에 대해 사람들에게 알리기 위해 노력함. 장애인 인권 단편영화를 연출하여 사람들이 많이 모여 있는 곳에 찾아가 거리 상영을 함.

국어국문학과	진로를 위해 논술반에 가입하여 일 년 동안 꾸준히 방과 후 활동으로 글쓰기 연습을 하고 선생님께 조언을 얻음. 또한, 평소에 역사소설이나 수필 중심으로 독서를 많이 하고 있으며, 교내외 각종 글짓기 대회에 참가하여 우수한 성적을 거두었음. 토론에도 관심이 많아 교내 토론동아리를 만들어 활동하고 있으며, 진로계획과 실천태도가 구체적이고 본인의 가치관 및 인생설계가 바람직한 학생임.
의류학과	진로희망 정보수집에서 패션 및 의류 디자인 등의 진로를 결정하고 자료를 수집하여 발표함. 평소 본인의 관심분야인 패션디자이너의 사진전, 친환경적 제품디자인 전시회 등을 관람하면서 학습을 함. 전시회 활동을 하고 벽화그리기 봉사를 하며 창의적인 사고력을 키워감. 사고력 수업 시 본인이 만든 로고를 미래에 본인이 사용할 브랜드 로고라고 발표함. 스마트 기기를 사용한 UCC 제작 수업에서 미래와의 소통이라는 주제로 사람과 사람 사이 소통의 중요성을 깨우치도록 스토리를 연출함. UCC 제작물은 OO에서 주최한 공모전에서 창조상을 수상함. 또한, 영어로 욕이 쓰여 있는 의상이나 신발 또는 액세서리의 부정적 내용에 대한 캠페인을 실시함.
일본어학과	일본문화연구부 활동을 통해 일본문화에 관심을 많이 가지고 있으며, 일본문화 체험전에 적극 참여함.
역사학과	역사연구부 회장으로 역사토론에 적극적으로 참여하였고, 발표력이 뛰어나며, 역사 관련 독서를 통해 본인의 관심 분야에 대한 다양한 지식들을 쌓아감.
의예과	교내 수리과학부 부장으로 교내 축제의 수리과학 체험전을 운영함. 평소 생명공학에 관심이 많아 사물을 세밀하게 관찰하고 분석하는 것을 좋아함. 과학탐구반 활동을 통해 안면기형과 성형의학이라는 주제로 논문을 쓰고 안면기형이 사회와 개인 심리에 미치는 영향을 연구함.

🎓 동아리활동 영역

각 대학의 입학사정관들이 학생부종합전형으로 학생을 선발할 때 주안점을 두는 부분이 '리더십'과 '협동심'이다. 본인의 잠재능력을 개발하여 타인에게 도움을 주고 소통하며 살아갈 수 있는 글로벌 리더를 기르는 것이 학생부종합전형의 취지이므로 각 대학은 이러한 학생을 선발하기 위해 노력하고 있다. 학생부종합전형에 합격하기 위해서는 '리더십'과 '협동심'이 학교생활기록부 동아리활동 영역에 잘 드러나야 한다.

예를 들어, 스포츠 마케터를 꿈꾸는 학생이라면 스포츠 관련 동아리를 만들고 본인의 능력이 다른 학생들과 조화롭게 소통되어 가는 과정을 객관적으로 보여줘야 한다. 그런데 여기서 또 한 가지 중요한 포인트는 동아리활동 영역은 협동심과 리더십뿐만 아니라 전공역량도 함께 보여줄 수 있는 부분이라는 것이다.

2013년에 과거의 입학사정관제가 학생부종합전형으로 바뀌면서 입학사정관들이 선발 기준으로 가장 중요하게 생각하는 부분이 바로 '전공역량'이다. '전공역량'이란 '본인의 여러 가지 활동들이 지원학과 성격에 적합하다는 것과 본인의 학생부종합전형 이야기를 구체적으로 입학사정관들에게 보여주고 증명할 수 있는 역량'말 그대로 전공에 대한 역량을 의미하는 것이다.

스포츠마케터가 되겠다던 학생의 경우처럼, 내신이 낮은 학생을 대학에 합격시키기 위해서는 동아리활동을 통해 타인과 소통하는 과정과 리더십, 또한 스포츠마케터의 전공역량을 입학사정관들에게 객관적으로 보여줄 수 있는 전략이 필요하다. 그래서 나는 실제로 그 학생제자였던에게 어려운 환경의 초등학교 치어리더팀의 팀장이 되어 미래 치어리더 꿈나무 학생들의 공연 준비를 돕는 동아리활동을 선택하도록 지도했다.

> | 동아리활동 영역 | **=** | 리더십과 협동심 | **+** | 전공역량 |

1 창의적 전공역량과 관계된 동아리활동 영역을 만드는 방법

학년	창의적 체험활동 상황		
	영역	시간	특기사항
1	동아리활동	45	과학반에서 기체의 온도와 부피, 열의 온도 반응을 연구함. ○○○ 연구회에서 주관하는 연수(12시간)에 참여함.

동아리활동 영역 기재 방법에 대해 알아보자. 위의 학교생활기록부 내용은 실제 한 학생의 동아리활동 내용이다. 이 학생의 동아리활동 영역 기재에서 잘못된 점은 무엇일까? 아래에 제시된 동아리활동 내용과 비교해 보자.

> 신문 동아리 편집장으로 책임감을 느끼고 구성원과 소통하며 동아리를 운영함. 창의적 체험활동을 통해 미래 기자로서 다양한 분야에 대한 작문 능력을 실질적으로 배양하고, 방학 중 학교에 나와 동아리 부원들과 함께 교내 신문을 만듦. 교내 신문을 제작하는 과정에서 인터뷰하며 신문 기자의 사교성과 책임감의 중요성에 대해 깨닫고 공동작업의 중요성을 배움. 동아리에서 제작한 신문을 통해 더욱 많은 친구가 소통의 중요성을 알기 바라며, 미래 사회부 신문 기자가 지녀야 할 자질을 키워감. (이하 생략)

꼼꼼히 두 학생의 동아리활동 영역 내용을 비교해 보면 눈에 띄는 큰 차이점이 있다. 그것은 동아리활동의 객관성과 활동을 통해 학생이 무엇을 깨달았는지에 대한 자세한 기술의 유무有無이다. 합격하는 학교생활기록부를 작성하기 위한 동아리활동 영역에서의 주안점은 '학생이 진학하기 희망하는 학과와 연관성이 있는 동아리활동을 기재'하고, '동아리활동을 통해 배운 학생의 잠재적 의식을 객관적으로 입학사정관들에게 전달하는 것'이다. 창의적 체험활동에서 동아리활동은 입학사정관들에게 구체성을 인정받을 수 있는 매우 중요한 영역이다.

입학사정관들은 1차 서류에서 여러분들의 전공적합성과 전공역량, 잠재가치 등을 판단하므로 본인의 전공역량과 관련된 구체적인 동아리활동을 해나가는 것이 중요하다.

> ❝ 진로활동과 자율활동에서 본인의 진로에 대한 사항들을 풀어냈다면,
> 동아리활동 영역과 봉사활동 영역에서는 전공역량을
> 쌓기 위해 노력한 과정과 사례들을 구체적으로 만들어가야 한다. ❞

② 학과별 전공역량에 맞는 동아리활동

경영학과	모의주식 행사를 준비하여 직접 부원들에게 모의주식에 대한 것들을 알려주고, 함께 행사를 진행하는 과정에서 리더의 자질을 엿볼 수 있었음. 매사 겸손하고 본인의 주장을 당당하게 발표하는 모습이 부원들에게 모범이 됨. 또한, 경제 강사를 초빙해 경제와 경영 전반에 대한 강의를 듣고 그 소감을 적극적으로 동아리 부원들과 공유함.
심리학과	대중매체심리 동아리 회장으로 지도교사를 도와 항상 자발적으로 동아리 모임을 주도하고, 동아리 내에서 청소년 심리 영상을 제작하였음. 청소년사회심리센터와 협약을 맺고 청소년 임상심리에 도움이 되는 영상과 미디어 자료를 준비하여, 한 달에 한 번 영상들을 공급함. 또한, 영상제작과 공급에만 그치지 않고 동아리에서 만든 영상을 꼼꼼히 정리하여 미디어 청소년 임상심리에 대한 소논문을 쓰는 등 본인이 정한 전공에 대해 매우 구체적으로 노력해 나감.
신문방송학과	방송반에서 우리나라 아이들이 해외로 입양되는 사례를 집중적으로 취재하여 미니 다큐멘터리를 만들고, 우리나라 아이들의 입양 사례를 조금이라도 막기 위해 거리 캠페인과 길거리 홍보를 진행함. 더운 여름날 땀을 뻘뻘 흘리며 고생하는 모습이 안쓰럽지만, 본인의 꿈을 향해 노력하는 모습에서 사람들을 위한 미래 다큐멘터리전문가의 모습이 느껴짐.
정치외교학과	장애인인권 문제와 여성인권 문제에 대해 깊은 관심을 두고, OO 장애우 진흥 센터를 정기적으로 찾아가 장애우들의 인권의식 고양을 위한 거리프로젝트와 영상프로젝트를 진행함. 또한, 미혼모들을 위한 도시락 프로젝트를 진행하기 위해 기업 관계자들을 만나고, 중소기업의 지원을 받아 교내 동아리 회원들과 함께 도시락 배달을 함. 프로젝트들을 수행해 나가며 미래 정치외교학도로서 본인의 꿈을 성실히 만들어 나가는 자세로 다른 학우들에게 본보기가 됨.

국어국문학과	교지편집부 활동을 통해 글의 논리성과 정확성을 체득해 감. 또한, 독서부 활동을 하면서 자기 생각을 글이나 그림으로 표현하는데 탁월한 재능을 보임. 특히 한국 작가들의 책을 중심으로 진행한 모의 인터뷰 활동을 통해 대한민국 현대문학의 문체와 스타일, 연도별로 변화해 온 작가들의 고민을 심층적으로 고찰함.
의류학과	교내 의류연구 동아리에서 부원들과 함께 자선기금모금 패션쇼를 기획하고, 옷을 만들어 패션쇼를 진행하였으며, 모인 자선기금을 후원단체에 기부함. 헌 옷가지들을 새로 디자인하는 작업이 힘들고 동아리 후원 기관과 마찰이 있기도 했지만, 어렵고 힘들 때마다 부원들을 다독이고 후원기관과의 마찰을 원만히 이겨내는 모습에서 역량 있는 미래 디자이너의 모습을 엿볼 수 있었음.
역사학과	위안부 문제와 독도 문제에 대하여 관심을 두고 있어 역사동아리 부원들과 함께 사랑의 집을 찾아가 위안부 문제에 대한 구체적인 자료를 모으고, 일본이 우리나라에 저지른 만행과 요구사항을 정리함. 또한, 동아리 회원들과 함께 정기적으로 난민 문제에 대한 웹진을 발간해 난민 문제가 발생하게 된 원인을 과거 역사 속에서 찾으려고 노력함. 동아시아의 역사를 자세히 알기 위해 정기적으로 박물관을 방문하고 그 안에서 찾은 의미들과 자료들을 모아 소논문 대회에 제출하였으며, 교내 소논문 대회에서 최우수상을 받음.
일본어학과	일본문화연구부 활동을 통해 일본문화와 한국문화 간의 연결고리를 찾고 한글 속 일본어 전파에 대한 연구를 진행함. 일본소설을 원서로 읽고 아직 국내에 출간되지 않은 일본소설을 번역하는 작업을 통해 일본과 우리나라의 어학적인 연결고리를 찾기 위해 노력함.
의예과	과학탐구반 활동을 통해 교내 과학박람회를 효과적으로 이끌어 나가며, 안면기형에 대한 연구를 착실히 해나감. 또한, 의료 케어 동아리를 창설하여 정기적으로 학우들 건강에 대해 자문을 하고, 고3 수험생에게 효과적인 식단을 제시해 학우들 건강과 다이어트에도 도움을 줌. 또한, 유산균에 대한 연구를 2년간 수행해 학교대표로 시교육청이 주최하는 과학 경진대회에 나가 우수상을 수상하기도 함.

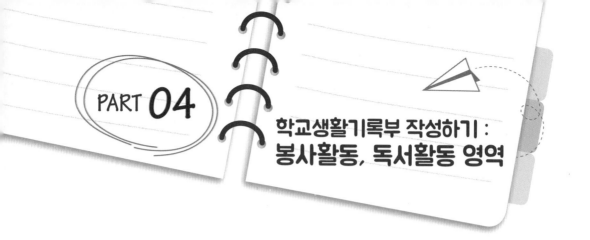

PART 04
학교생활기록부 작성하기 :
봉사활동, 독서활동 영역

🎓 봉사활동 영역

그동안 현장에서 학생부종합전형 입시를 가르치며 가장 많이 받은 질문 중 하나가 바로 봉사활동에 대한 질문이다. 그중에서도 '어떤 봉사활동을 해야 하는지', '몇 시간을 해야 하는지'에 대한 질문이 가장 많았다. 학생부종합전형에 합격하는 봉사활동을 하기 위해서는 의미 있고 가치 있는 봉사를 하는 것이 가장 중요하다. 학교에서 시키는 봉사활동을 마지못해 하는 학생들이 많은데, 이는 학생부종합전형에 합격하는 봉사활동이라 할 수 없다.

대학의 입학사정관들이 봉사활동을 통해 학생들에게 물어보고 싶은 것은 봉사활동의 '내용'과 '당위성'이다. 다시 말해 학생 본인이 '봉사활동을 통해 무엇을 느꼈고', '본인이 원하는 대학, 학과와 관련하여 어떤 생각과 의미들이 있는지'에 대하여 설명할 수 있어야 한다. 따라서 봉사활동은 본인이 지망하는 학과와 연관성이 있어야 하고, 본인 스스로가 정립될 수 있는 활동내용을 계획하고 실천하는 것이 매우 중요하다.

> 66 봉사활동은 본인이 희망하는 학과와 연관성이 있어야 하고,
> 본인 스스로가 정립될 수 있는 활동내용을 계획하고 실천해야 한다. 99

1 창의적 전공역량과 관계된 봉사활동 영역을 만드는 방법

학년	봉사활동실적				
	일자 또는 기간	장소 또는 주관기관명	활동내용	시간	누계시간
1	2015. 03. 02.	(학교) ○○고등학교	조기청소	2	2
	2015. 03. 09. ~ 07. 20.	(학교) ○○고등학교	환경미화	7	9
	2015. 03. 11.	(학교) ○○고등학교	학교주변 정화	5	14
	2015. 04. 01 ~ 08. 03.	(학교) ○○고등학교	학급 대청소	4	18
	2015. 05. 08.	(학교) ○○고등학교	어버이날 편지쓰기	2	20
	2015. 05. 10. ~ 05. 15.	(학교) ○○고등학교	스승의 날 행사	15	35
	2015. 06. 02. ~ 08. 09	(학교) ○○고등학교	갯벌유수지 정화	19	54

위의 학생생활기록부를 얼핏 보면 봉사활동을 열심히 한 학생처럼 보이지만, 자세히 살펴보면 본인의 의사와 관계없이 학교에서 시키는 대로 청소봉사만 열심히 한 학생이라는 것을 알 수 있다.

나눔의 집(일본군 위안부) 봉사활동, 박물관 봉사활동, 어르신들 간식 및 도시락 배달,
도서관 서고정리, 장애우 역사탐방 도우미, 수요 집회 알리미, 한글 바르게 쓰기 운동 홍보 모델

반대로 위에 제시된 봉사활동 내용을 살펴보면, 사학과에 진학하여 동이족의 뿌리를 찾아 전 세계에 우리 민족의 우수성을 알리는 고고학자가 되고 싶은 꿈을 가진 학생의 봉사활동 내용으로, 일관성 있는 활동 궤적을 그리고 있는 것을 알 수 있다.

봉사활동에 대해 많이 묻는 것은 봉사활동을 '얼마나 해야 하는가'이다. 확실한 것은 봉

사시간도 중요하지만, 학생이 능동적으로 열심히 꿈과 희망을 위해 활동한 흔적을 입학사정관들에게 '얼마나 보여줄 수 있는지'가 중요하다. 아무리 봉사 시간이 많아도 의미 없이 억지로 이끌려 하는 봉사는 필요 없다. 능동적으로 다른 사람들과 소통하며, 일관성을 갖고 꾸준히 하는 봉사가 학생부종합전형 합격을 위해 반드시 필요한 봉사활동이다.

봉사활동은 말 그대로 대학에서 요구하는 소통하는 인재, 본인의 능력과 재능을 타인과 나눌 수 있는 인재인가를 평가하는 중요한 항목이다. 또한, 봉사활동은 동아리활동과 마찬가지로 본인의 잠재능력과 전공역량 등을 입학사정관들에게 구체적으로 보여줄 수 있는 중요한 창의적 체험활동 역량이므로 수험생 본인이 희망하는 전공과 관련된 봉사활동을 하는 것이 중요하며, 봉사를 통해 느낀 가치를 구체적으로 쌓아 나가는 것이 중요하다. 봉사역량은 시간도 중요하지만, 수험생 본인이 진정으로 타인과의 소통에 대한 가치를 느끼고, 봉사를 통해 전공역량의 중요성과 사회적 필요성을 배워 나가는 창의적 체험활동 역량이므로 시간의 중요성 보다는 의미의 중요성에 중점을 두고 활동하는 것이 중요하다.

66 봉사활동은 시간의 중요성보다는
의미의 중요성에 중점을 두고 활동하는 것이 중요하다. 99

② 학과별 전공역량에 맞는 봉사활동

경영학과	교내 모의주식 투자대회 봉사, 재활원 꿈 프로젝트 봉사, 유니세프 봉사, 지역생활 지원봉사, 교내 진로교육 봉사 등.
심리학과	또래상담, ○○정신보건원 봉사, 교내 학생불만센터 봉사 등.
신문방송학과	방송동아리 봉사, 교내 영상제작 지원봉사, ○○아동센터 식사봉사, ○○인권단체 홍보봉사 등.
정치외교학과	장애인인권 봉사, 여성인권 봉사, 도시락 봉사 등.

국어국문학과	교내 문학의 밤 행사 봉사, 교내 슬로푸드 재배 봉사, ㅇㅇ아동센터 국어학습 봉사, 교내 출판물 발간 교정 봉사
의류학과	자선모금지원 봉사, 교내 캠페인 봉사, 지역아동센터 중고 옷 리폼하기 봉사, 신생아 체온유지 모자 만들기 봉사(세이브 더 칠드런) 등.
역사학과	난민정책연구회 심포지움 안내 봉사, 교내 독도지킴이 봉사, 동티모르 난민 돕기 봉사 등.
일본어학과	맹아들을 위한 타이핑 봉사, 지역도서관 설립을 위한 번역 봉사, 교내 홍보도우미 봉사, 시립박물관 봉사 등.
의예과	백혈병 어린이 돕기 모금 봉사, 교통안전교육 및 응급처치 봉사, 다문화 어린이들을 위한 수학·과학 학습 봉사, 청소년 건강캠페인 봉사 등.

🎓 독서활동 영역

학생부종합전형에서 독서활동은 학생의 전공역량과 매우 밀접한 관련이 있다. 독서활동 영역은 교과 외의 전공역량 과정들을 입학사정관들에게 객관적으로 보여줄 수 있는 부분이기에 '행위의 타당성이 잘 드러날 수 있는 독서활동'이 중요하다.

스포츠 선수들이 국내외 스포츠 시장에 잘 알려지도록 에이전시 역할을 하고 싶다는 꿈을 가진 학생을 지도한 적이 있었다. 그에게는 경영, 스포츠, 마케팅에 대한 지식뿐만 아니라 인문학, 사회학 같은 다양한 분야의 독서, 그리고 이를 통한 사유의 과정이 필요했다. 소비자와 스포츠 선수들을 연결할 수 있는 고리를 만들기 위해서는 스포츠 소비에 대한 심리적인 지식이 필요했고, 국제적인 스포츠 스타들의 에이전시를 위해서는 여러 나라의 문화와 역사에 대한 독서 및 연구도 중요했다. 그리고 재활의료제도와 사회복지에 대한 지식도 필요했다.

이처럼 합격하는 학생부종합전형 독서활동 영역은 본인이 희망하는 전공과의 일관성과 구체성, 나아가 한 곳에 국한되지 않고 다양하게 사회 전반적인 분야에 대한 소양과 흥미를 키워 나가고 있다는 것을 보여주는 것이 중요하다.

▣ 창의적 전공역량과 관계된 독서활동 영역을 만드는 방법

학생부종합전형에 합격하는 올바른 독서활동이란 무엇일까? 지난 10년간 학생부종합전형 전문 아카데미를 운영하며 이 주제에 대한 질문도 심심치 않게 들어왔다. 학생부종합전형과 특기자전형에서 독서활동 영역은 학생의 전공역량을 심화시킬 뿐만 아니라 학생부종합전형에 필요한 다양한 역량리더십, 문화다양성, 봉사활동, 학업역량 등을 심화시키는 데 도움이 되는 영역이다. 그러므로 다양한 분야의 독서를 하되 본인이 정한 희망 전공에 대한 밀도 있는 독서활동이 필요하다. 창의적 체험활동 영역에서 독서영역과 연관되어 발전되는 학생부종합전형 영역은 크게 전공역량의 프로젝트 부분과 2차 면접영역으로 나눠진다.

학년	독서활동 상황
1	'식객'(허영만) 읽음
	(1학기) ' 과학의 즐거움'을 읽고 고대 과학자들의 우주세계를 알게 됨

학년	독서활동 상황
1	'한국사 나는 이렇게 본다.'를 읽고 관점에 따라 역사가 어떻게 달라질 수 있는지 알게 됨. 자국 역사를 비판 없이 긍정적으로만 바라보면 국수주의에 빠지게 되고 너무 비판적으로만 바라보면 자기 역사에 대한 자괴감에 빠질 수 있으니 역사에 대한 객관적이고 구체적인 접근이 필요하다고 생각함. 우리가 알아야 할 우리의 역사와 당면한 우리 역사의 문제점들을 살펴보고, 올바른 역사가가 되는 데 있어 객관적인 안목과 시선이 중요하다고 생각함. 또한, 역사학자가 되어서 가장 중요한 것은 객관적 사실에 대한 왜곡 없는 역사 해석과 잘못된 역사의식을 바로잡는 것이고, 이것이 지금 우리에게 필요한 역사적 소임이며 미래 역사학자로서 대중과 소통할 수 있는 능력을 기르는 것이 중요하다고 생각하여 (이하생략)

위의 두 독서활동의 예를 비교해 보면 독서활동을 읽은 책 제목의 나열 정도로만 생각하는 학생과 독서활동을 통해 본인의 전공역량과 생각을 입학사정관들에게 잘 전달하는 학생의 차이를 볼 수 있다. 독서활동은 어떤 책을 읽었는지도 중요하지만, 본인이 희망하는 대학 및 학과의 전공역량에 맞도록 확장시키는 것이 더욱 중요하다.

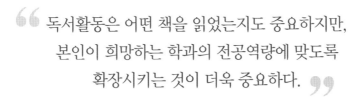

> 독서활동은 어떤 책을 읽었는지도 중요하지만,
> 본인이 희망하는 학과의 전공역량에 맞도록
> 확장시키는 것이 더욱 중요하다.

학생부종합전형 2차 면접에서 학생들에게 요구하는 것은 학교생활기록부, 자기소개서, 증빙서류에 대한 사실 여부 확인, 학생의 전공역량에 대한 질문 등으로 나뉜다. 뒷부분에서 자세히 설명하겠지만, 입학사정관제에서 학생부종합전형으로 바뀌면서 또 하나 눈에 띄게 달라진 부분이 바로 면접 부분이다. 왜냐하면, 재학생들에게 각종 증빙서류를 받지 않고 학교생활기록부와 자기소개서만으로 학생들을 선발하는 현 학생부종합전형 체제에서는 면접의 강화만이 학생부종합전형에 맞는 학생인지를 가리는 현실적인 방법이기 때문이다. 학생부종합전형으로 대학에 합격하기 위해서 면접 준비는 매우 객관적이고 현실적인 방법으로 이루어져야 하며, 면접 과정에서 학교생활기록부에 기재되어 있는 독서역량 또한 입학사정관들의 소중한 심사 자료로 활용된다.

대학에서는 수험생들의 창의적인 독서활동역량으로 전공에 대한 역량전공역량과 전공 밖 역량비전공역량을 요구하고 있다. 다시 말해 독서활동은 다른 창의적 체험활동들과는 달리 전공역량에만 국한된 활동을 원하지 않으므로, 너무 한 분야의 역량에만 치우치지 않도록 다양하게 독서역량을 만들어 나가야 한다.

② 학과별 전공역량에 맞는 독서활동

경영학과	경영학콘서트, 트렌드코리아, 왜 세계의 절반은 굶주리는가?, 스마트 경영, 스티브 잡스, 창의적 아이디어로 혁신하라, 이기는 대화, 정의란 무엇인가? 등.
심리학과	죽은 시인의 사회, 정의란 무엇인가, 앨빈 토플러 청소년 부의 미래, 숲에서 만나는 세계, 청소년 심리상담 매뉴얼, 심리학개론, 죽기 전에 꼭 가봐야 할 국내여행 101, 심리영화학, 영상기호학의 이해, 시뮬라시옹 등.
신문방송학과	우동 한 그릇, PD가 말하는 PD, 미디어는 왜 중요할까? 교실 밖 지리여행, 죽은 시인의 사회, 목걸이(모파상), 광장(최인훈), 여자라면 힐러리처럼, 대중문화의 겉과 속 등
정치외교학과	세계정치론, 외교관은 국가대표 멀티 플레이어, 군중행동, UN인권보고서, 정치학으로의 산책, 인권과 민주주의, 동양철학의 이해, 강남좌파, 지구환경 정치학 등.
국어국문학과	외딴 방(신경숙), 옆집 여자(하성란), 대성당, 귀뚜라미가 온다, 그대의 차가운 손(한강), 빼앗긴 내일, 미술관 옆 인문학, 7년의 밤, 휴먼 임팩트, 미란(윤대녕) 등.
의류학과	난쟁이가 쏘아 올린 작은 공, 대한민국 화장품의 비밀, 시대를 풍미했던 예술작품들, 아프니까 청춘이다, 패션 사이언스, 낯선 사람 효과, 패션 그 이유를 말하다, 고대 동굴 벽화의 비밀, 패션을 바꾼 아이디어 등.

역사학과	한국사 나는 이렇게 본다, 박물관 역사, 목민심서, 청소년을 위한 서양 미술사, 위안부 이야기, 여성인권의 미래, 이야기 한국사, 동아시아 역사의 미래, 큐레이터 등.
의예과	즐거운 생명과학 콘서트, 생명의 윤리를 말하다, 사회복지 욕구 다시보기, 헬스케어산업의 미래 경쟁력, 인간답게 죽는다는 것, 물리학 이야기, 성형외과 다시보기, 구강성형학 등.

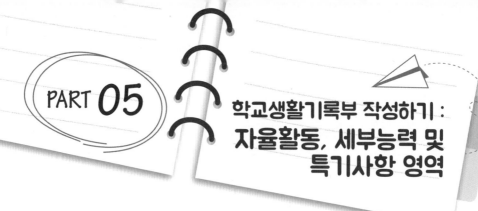

🎓 자율활동 영역

학교생활기록부 자율활동 영역을 올바르게 기재하기 위해서는 더욱 다양한 활동들을 자율적인 분위기에서 해나가는 것이 중요하다. 재학생들이 자율적인 활동을 해나가는 장소는 학교이다. 검정고시, 해외고 출신 학생, 재수생들은 자율활동 부분이 조금 다르다. 학생회, 전공과 관련 있는 연구, 소논문 작성, 학교장이 허락한 탐방, 축제 준비, 연극 혹은 단편영화 찍기 등의 학교 안에서 이루어지는 모든 활동이 학생부종합전형 자율활동 영역에 포함된다.

앞서 예를 들었던 스포츠마케터가 꿈이었던 그 학생은 자율활동으로 여러 지역 센터의 치어리더팀을 방문하고, 또한 성인 치어리더팀의 도움을 받기 위해서도 노력했다. 다양한 치어리더팀의 프로그램과 응원을 관찰 및 분석하였고, 초등학교 치어리더팀의 응원 교육과 마케팅을 이끌고 도왔다. 또한, 이러한 활동을 통해 얻게 된 귀중한 경험과 지식을 모아 소논문을 쓰면서, 한 번 더 본인의 경험과 지식들을 정리하여 여러 사람과 나눌 수 있는 소중한 경험이 되었다.

1 창의적 전공역량과 관계된 자율활동 영역을 만드는 방법

합격하는 학생부종합전형 자율활동 영역을 만들기 위해서는 자율활동 영역이 전공역량에서 어떤 부분을 나타내는지 잘 생각해 보아야 한다. 자율활동 영역은 학교생활기록부에서 주로 리더십에 해당하는 부분을 나타낸다. 학생부종합전형 입시의 취지가 '본인의 재능과 전공역량을 타인들과 함께 나눌 수 있는 소통의 인재를 선발하는 것'이므로 자율활동 영역을 만들어 갈 때, 학생부종합전형 입시에서 요하는 올바른 리더십을 만들어 가는 것이 중요하다. 이때 입학사정관들이 원하는 리더십의 내용은 단순히 반장, 부반장, 학생회장, 동아리장 등이 아니라, 수험생 본인의 전공역량을 쌓아가는 데 도움이 될 수 있는 실제적인 창의적 전공역량과 관계된 자율활동 역량이다.

2 학과별 전공역량에 맞는 자율활동

경영학과	학급 반장으로서 모든 활동에 적극적으로 참여함. 타인을 배려하는 마음 갖기 현장체험을 통해 리더로서 타인을 배려하는 마음을 배워가고, 학교생활규정을 지키기 위해 노력하는 학생임. 수업 준비에 솔선수범하며 수업 태도가 좋고, 경제 상식에 밝으며 지적호기심이 많음. 본인의 교과 및 교과 외 학습 환경을 스스로 통제할 줄 알며, 자기주도적인 학습 능력이 뛰어남. ○○ 문화제 행사기간 동안 모의주식 행사를 동아리 부원들과 함께 준비하고 부족한 부분들을 동아리 부원들에게 자세히 설명하며 리더로서의 자질을 보여줌.
심리학과	학급 바른생활 부장을 하며 학급 및 학년 전체 친구들의 또래 상담을 진행함. 소통하는 학급 자체활동을 선도하며, 학교폭력 사례와 금연사례를 친구들에게 소신 있게 발표함. 생명존중의 이해를 통해 생명체의 소중함을 알리는 캠페인을 진행함. 학교 축제 때 친구들의 추천을 받아 사회를 맡아 보며 본인의 끼와 능력을 마음껏 발휘함. 본교 신입생 모집을 위한 학교홍보팀 팀장으로서 학교를 대표하여 지역 내 19개의 중학교를 방문하고, 지역 내 중학교 학생들을 대상으로 우리학교의 특성 및 학교선택의 중요성을 홍보함. 교내마라톤 대회에서는 새벽부터 마라톤 종료 시까지 행사물품을 옮기고 길 안내 표시 스티커를 부착하는 등 솔선수범하는 모습을 보임. 고등학교 3학년 때, 또래 상담이 힘들었을 만도 한데 일 년 내내 친구들의 또래 상담을 하며 친구들 문제에 정성을 쏟았고 급우들과 진정으로 소통하는 모습을 보임.

신문방송학과	전교 학생회 간부 수련회에 참가하여 학교 간부로서의 지도력 함양과 타인에 대한 이해심, 봉사심을 길러 편견 없이 더불어 생활하는 학교 분위기 조성에 앞장섬. 또 통일교육, 통일신문 만들기, 통일골든벨 등의 동아리활동을 통해 올바른 국가관과 가치관을 함양함. 학급 부반장으로 학급회의를 주도적으로 이끌고 학급청소 및 교실미화 활동에 적극적으로 참여함. 학칙 준수 및 흡연과 학교폭력 추방 서약식에 참여하여 쾌적한 학습 환경을 마련함. 또한, 학교가 안전한 학습장이 될 수 있도록 분위기 조성에 솔선수범하며, 구성원들 간의 소통과 배려를 위해 노력함.
정치외교학과	진로 체험반 세계문화탐방을 통해 프랑스 문화원, 일본 문화원, 모의 유엔 국제회의, ○○ 대학교 박물관 견학 등의 활동을 하였고, 세계문화와 외교에 대한 관심과 역량을 쌓아감. 특히 모의 유엔 활동을 통해 장차 외교관으로서의 흥미와 꿈을 키워 나감. 우리나라뿐만 아니라 세계 여러 나라의 역사와 문화에도 관심이 많으며 세계인권 문제, 여성인권 문제에도 관심과 문제해결 욕구가 많음.
국어국문학과	국토순례 활동을 통해 육체적 한계, 극심한 더위 등을 극복해 가며 자연의 소중함을 깨닫고, 함께 하는 친구들과 선생님에 대한 고마운 마음을 느낌. 체육대회에서 친구들을 격려하며 응원을 앞장서서 진두지휘함. 생명존중 예방교육을 통해 생명의 소중함과 존귀함을 깨닫고 생명의 경이로움을 글로써 표현하려 노력함.
의류학과	자기이해 활동을 바탕으로 본인의 적성과 흥미를 고려하여 다양한 활동들을 해나감. 본인의 롤모델을 정하고 목표 분야에서 성공한 사람들의 공통점을 찾아 그대로 실행해 보려고 노력함. 창의력 노트를 매일 같이 작성하며, 순간순간 떠오르는 아이디어가 있을 때마다 아이디어를 기록하는 습관을 갖고 있음. 타인을 돕겠다는 의지가 강해 친구들과 함께 협력하여 타인들을 돕는 일에 솔선수범함.
역사학과	학급 부반장으로서 학급 조직 및 학습회를 능동적으로 돕고, 자기 의견을 명확하게 발표할 줄 아는 학생임. 본인과 다른 의견을 존중할 줄 알며, 역사관련 분야에 많은 관심을 갖고 있어 학급친구들이 다소 관심 없는 위안부문제, 난민문제, 독도문제 같은 사안들을 일깨우고 알리기 위해 노력하는 학생임.
의예과	학급회장과 전교회장을 거치면서 급우들의 의견을 존중하고 학급 문제를 해결하였으며, 학급 전체의 인화를 위해 노력하고 애씀. 명랑하고 자율적인 학급 분위기 조성을 통해 이해와 소통의 리더십을 발휘하였음. 생명의 소중함을 알고 있으며, 생명사랑 캠페인을 시작하였고, 학급 내 왕따와 언어폭력을 없애기 위해 노력함. 학생회장으로서 문화의 날을 만들어 팍팍한 학교생활에 생기와 웃음을 만들기 위해 노력함. 문제가 있어도 꼼꼼히 생각하고 끈기 있게 해결하려는 모습을 보임. 과학 및 생명분야에 관심이 많아 학교행사에 적극적으로 참여하고 학업적인 면에서도 좋은 성적을 유지하기 위해 노력함.

🎓 세부능력 및 특기사항 영역

학교생활기록부의 세부능력 및 특기사항과 행동특성 및 종합의견은 교과 교사와 담임 교사가 학생을 관찰하고 느낀 것들을 기록하는 영역이다. 이 부분에 근거해서 교사추천서를 쓰는 것이 중요한데, 추천서를 써야하는 교사조차 학교생활기록부에 기재한 내용에 근거하지 않는 경우가 있다.

대학교 입학사정관들은 객관적으로 증명이 가능한 '학교생활기록부에 근거한 자기소개서, 추천서'를 검토한 후, 면접 전형 등을 진행하고, 내용의 진위를 검토하여 학생의 잠재역량을 선별한다. 이렇게 중요한 학교생활기록부의 영역들을 채우는 교과 교사와 담임 교사는 학생부종합전형에서 그 비중이 매우 크다. 그래서 학생들도 자기 생각이나 활동사항들을 혼자만 알고 있지 말고, 자신 있게 선생님께 밝힐 필요가 있다.

세부능력이나 특기사항을 교사도 모르게 혼자만 해오고 있다가 학교생활기록부를 마감하거나 추천서를 쓸 즈음이 되어서야 비밀 보따리 풀어내듯 한꺼번에 이야기하면 선생님도 당황할 수 있기 때문이다. 물론 입시 현장에서는 선생님들이 너무 바빠서 학생들에게 직접 학교생활기록부에 들어갈 내용을 정리해서 갖고 오라고 하는 경우도 있고, 입시 실적을 내야 하므로 무조건 학생의 장점만을 기술하거나 별 내용도 의미도 없는 단어들을 되풀이하여 학교생활기록부의 쪽수 늘리기에만 급급한 선생님들도 심심치 않게 볼 수 있다.

하지만 학생부종합전형의 취지는 전공역량의 일치성과 잠재능력의 개발이다. 이상과 현실이 다르듯 아직도 선생님이 추천서를 제대로 써주지 않아서 혹은 성적 때문에 본인이 지원하고자 하는 학교에 지원하지 못하는 학생들이 꽤 있다. 하지만 선생님들은 그동안 준비해 온 과정과 행위의 궤적들을 하나둘 면밀히 살피고 본인이 아직도 낮은 입시 제도에 얽매여 있는 것이 아닌지 꼼꼼히 따져가며 아이들의 입시를 지도할 필요가 있다. 왜냐하면, 입시는 한 사람의 인생이 걸려 있는 중요한 문제이기 때문이다.

🔳 창의적 전공역량과 관계된 세부능력 및 특기사항을 만드는 방법

세부능력 및 특기사항은 교사가 그동안 관찰해 온 학생들의 세부능력과 특기사항들을 객관적으로 기입하는 항목이다. 대학 입학사정관들은 교사의 평가란인 세부능력 및 특기사항을 매우 꼼꼼히 보는 편이므로, 학생들은 교사에게 본인의 학생부종합전형 준비 과정과 진행 여부 등을 솔직하게 말해야 하며, 교과목 혹은 담임교사와의 원활한 커뮤니케이션을 위해 노력해야 한다.

🔳 학과별 전공역량에 맞는 세부능력 및 특기사항

사회 문화	국내 시사 문제에 대한 관심이 높아 시사 잡지 탐독과 인터넷 검색 등을 통해 많은 정보를 공유하고 있으며, 그것과 관련하여 합리적이고 논리적인 주장으로 토론 분위기를 주도함. 특히 세계화와 정보사회의 문제 등 현대사회의 문제에 대한 관심이 많으며, 관련 분야에 대해 지속적으로 폭넓은 독서를 하고 있음.

윤리와 사상	공동체의 기초가 되는 이상적 의사소통에 관한 토론수업을 하면서 합리적인 의사소통이 이상적인 의사소통이라는 것을 이해하였으며, 실제 의사소통 활동에서 지켜야 할 규범들을 반장 활동을 통해 잘 알고 있음. 인터넷 공간에서 이루어지는 의사소통은 세대 간 의사소통의 단절이라는 문제점을 제시하였으며, 타자의 배려가 반드시 있어야 함을 강조함. 우리 지역의 자연환경, 인문환경 특색을 바로 알고 세계에 우리지역의 우수성을 알리며, 더 나아가 관광산업을 통한 국제 교류 방법을 모색하고자 전교생을 대상으로 실시한 교내경시대회에 참여함. 이 과정에서 지역의 다양한 자연·인문환경을 패키지 형식으로 묶어 SNS에 홍보하고, 공업도시의 특성을 살려 기업 투어 프로그램을 구체적으로 기획함. 기업 투어 프로그램을 관광 상품화함으로써 관광수익뿐 아니라 우리나라 기업의 우수성을 널리 알려 외국자본을 유치하고 일자리 창출까지 할 수 있음을 설명함. 또한, 관광 자체에서 그치는 것이 아니라 관광 후에 평가를 받고, 문제점을 개선하여 더욱 질 높은 관광 서비스를 제공해야 함을 강조함.
문학	매번 적극적인 자세로 수업에 임하였음. 특히 조선 초기의 소설 중 하나인 김시습의 〈이생규장전〉을 연극으로 재구성하여 학습할 때, 주인공 '이생'의 역할을 맡아 본인의 역할에 맞는 소품 등을 준비하고 인물의 상황과 심리에 맞게 열정적으로 연기를 펼쳐 같은 반 학생들의 박수갈채를 이끌어 내는 모습이 매우 인상적이었음. 작품에 대한 이해와 이를 재구성하여 이끌어내는 능력이 훌륭함.
영어	수업시간에 항상 적극적으로 참여하고, 독해력 향상을 위한 예습, 교재 내용을 노트에 적고 직접 해석하여 글로 쓰는 연습을 1년 동안 꾸준히 해옴. 또한, 중요한 문장들을 암기하여 영작하는 작업을 꾸준히 하는 등 Writing 연습에도 적극적임. 평소 꾸준한 독해연습은 물론이고 해석을 보고 영작하는 작업을 꾸준히 하여 본인 스스로가 한 단계 더 나은 학업성취도를 얻기 위해 노력함.
국어	창의적 진로활동 작성 수행평가에 참여하여 본인의 진로와 적성을 찾는 모습이 성실하며, 본인의 꿈과 관련하여 미래 기자로서의 지역화, 세계화 글쓰기와 논설문 작성에 열의를 보임. 특히 적절한 문장과 어휘 선택, 문단 구성 방법, 단락 구성, 서론, 본론, 결론 분량 배정 등 미래 기자로서의 글쓰기 역량을 골고루 익힘.

지금까지 본인만의 학생부종합전형 이야기와 아이덴티티를 정하고, 본인의 스토리를 구체적으로 학교생활기록부 7대 창의적 체험활동 영역에 채워넣는 방법을 설명했다. 책을 읽으며 여러분들도 이해했겠지만 결국 학교생활기록부의 7대 창의적 체험활동 영역은 마치 블록을 쌓듯 차곡차곡 쌓여 전체적인 한 학생의 모습을 나타내는 것이다. 그러므로 전반적인 윤곽을 먼저 생각하고 창의적 체험활동, 진로활동, 동아리활동, 봉사활동, 독서활동, 자율활동, 수상경력 등 모든 활동이 일관성과 구체성을 갖고 하나의 주제를 명확하게 드러낼 수 있도록 학교생활기록부를 만들어 나가고 관리해 나가는 것이 학생부종합전형에 합격하는 준비 방법임을 명심해야 한다.

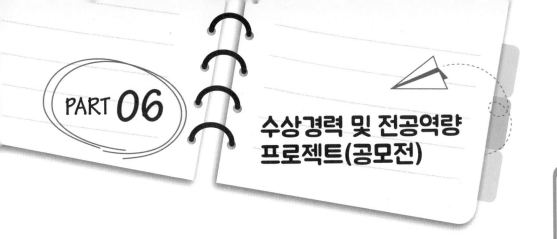

PART 06

수상경력 및 전공역량 프로젝트(공모전)

지금까지 재학생들의 학생부종합전형 입시의 근간이 되는 학교생활기록부 작성 방법과 전공역량의 개념에 대해 알아봤다. 학생부종합전형은 재학생들에게는 학교생활기록부 전쟁이라고 해도 과언이 아닐 만큼 학교생활기록부 작성이 중요하며, 이는 자기소개서 작성과 2단계 면접의 중요한 뼈대가 된다. 어떤 사람들은 학생부종합전형을 이야기할 때 자기소개서의 중요성에 대해서만 지나치게 강조하는데, 이는 얄팍한 눈속임일 뿐이다. 정말 학생부종합전형 전문가라면, 자기소개서를 강조하기 전에 그 뿌리가 되는 학교생활기록부의 중요성에 대해 먼저 설명해야 한다는 것을 분명 잘 알고 있을 것이다. 그러면 지금부터는 학교생활기록부 작성 시 부족했던 전공역량 프로젝트를 올바르게 결정하고, 만드는 방법들을 설명하겠다.

🎓 수상경력

수상경력에 관해 물어오는 전화내용은 주로 '수상을 많이 하면 좋은지', '교내 수상만 인정되는지'이다. 결론부터 말하자면 수상을 아무리 많이 해도 의미 없는 수상은 합격에 별 도움이 되지 않는다. 또한, 학교장이 인정한 대회의 수상은 각 대학에서 인정하고 있으므로 수상의 범위를 교내만으로 한정 지어 생각하는 것은 바람직하지 않다. 국가에서 주최하는 공적인 대회국무총리상, 국회의원상, 시도교육관상, 장관상 등는 학교장이 인정하는 대회에 해당한다. 사설기관이나 비용을 주고 하는 캠프 등은 수상경력에서 제외된다.

수상경력에서 가장 중요한 것은 수상 여부가 아니라 학교생활에 충실한 학생의 자세이다. 입학사정관들은 수상경력을 통해서 조금 부족하더라도 본인의 꿈을 위해 열심히 학교생활을 한 학생의 모습을 발견한다. 그러므로 본인의 전공과 다소 거리가 있는 영역의 대회라도 열심히 준비하고 노력하는 모습을 보이는 것이 합격 전략이다. 또한, 본인이 참여한 동아리에서의 수상 내용과 진로활동, 자율활동, 봉사활동 등과 관련된 수상 내용, 그리고 본인이 지원하고자 하는 학과의 성향과 전공역량에 맞는 수상 내용을 직접 찾아서 준비하는 것도 중요하다.

입학사정관들도 학생들을 대학에 보내기 위해 없는 상도 만들어서 나눠주는 일이 일부 고등학교에서 비일비재하게 일어나고 있다는 것을 잘 알고 있다. 학교에서 주는 평범한 상보다는 본인이 직접 발로 뛰어 본인의 꿈이나 전공과 관련된 대회에 참가하고, 그 과정 안에

서 학생 본인의 잠재역량과 전공역량을 개발하기 위해 노력하는 것이 중요하다.

학생부종합전형 결과에서 일반고, 특목고, 자사고의 차이는 바로 학교에서 학생들을 위해 시행하고 준비하는 학생부종합전형 대비 방법에 있다. 요즘 자사고가 주목을 받는 이유가 바로 여기에 있다. 하지만 솔직히 말해 학생부종합전형 지도에 손 놓고 있는 일반고보다는 자사고와 특목고가 조금 더 학생들에게 준비를 시키려고 노력한다는 것뿐이지 별다른 것은 없다.

다시 말하면 학생부종합전형 프로그램을 운영하고 있는 자사고와 특목고가 일반고보다는 조금 더 많지만, 많은 경우 학생들의 잠재력을 발휘할 수 있는 개개인을 위한 프로그램을 운영하지 못하고, 상위 성적의 학생들만을 위해 학생부종합전형 프로그램을 시행하고 있다. 그나마 자사고, 특목고용 학생부종합전형 프로그램도 변화와 발전을 거듭하지 않아 뻔하기까지 하다. 그래서 일각에서는 입학사정관들이 학생들의 비교과를 정성평가하지 않고 내신으로만 학생들을 뽑는다는 소리도 나온다. 정성평가를 할 수 있도록 독창적이고 창의적인 전공역량을 입학사정관들에게 보여줘야 그들도 본래의 취지에 맞게 전공역량과 발전 가능성 및 잠재력을 꼼꼼히 평가할 수 있다.

이렇게 학교와 교사들의 무관심으로 희생당하고 있는 전국의 학생들이 몇천만 명이다. 학생부종합전형에 맞는 전공역량 개발 및 교육 방법이 계속 잘못된 상태로 머물러 있고 내신과 서열만으로 학생들을 줄 세운다면 학생부종합전형은 본래의 취지를 잃을 것이며 대학도 상아탑의 역할을 제대로 할 수 없게 될 것이다.

학생부종합전형의 발전을 위한 방안은 내신에 치이고, 교사들의 무관심 속에서 학생부종합전형 준비 방법을 몰라 어려움을 겪고 있는 학생들이 너무나 많다. 이들은 수능 30%, 수시 70%인 대한민국의 입시 현실에서 아직도 학생부종합전형이 무엇인지, 또 어떻게 준비해야 하는지 제대로 알지 못한 채 어른들에게 수능만 강요받고 있다.

누군가가 학생들에게 학생부종합전형에 대해 친절하게 이야기해 주고, 학생들 하나하나의 잠재 가능성과 가치를 보고 올바른 학생부종합전형 방법으로 이끌어 준다면 여러 학생의 인생이 바뀔 수 있다. 대학도 고등학교도 서로의 입장과 관점에서만 학생부종합전형을 바라본다면 모두에게 좋지 않은 결과를 만들 것이다. 고등학교에서는 대학이 원하는 기준에 합당하고 학생부종합전형에 맞는 학생들을 대학에 보내야만 대학의 학생부종합전형이 유지될 것이고, 대학도 입지전형 홍보만 하는 것이 아니라 미국의 입학사정관제 시스템처럼 자기 대학에서 원하는 인재들, 발전 가능성이 있는 인재들을 찾고 그들을 육성하기 위해 최선을 다해야 할 것이다.

🎓 창의적인 전공역량을 만들어 나가는 프로젝트

창의적인 전공역량을 만들기 위해 재학생은 동아리활동을 활용하여 본인의 전공역량에 맞는 프로젝트를 만들어 나가는 것이 효과적이다. 내신이 낮은 재학생들이 학생부종합전형으로 대학에 합격하려면 입학사정관들의 정성평가 항목에서 눈에 띄어 걸러져야 한다. 이를 위해서는 수험생 본인의 전공역량을 구체적으로 입학사정관들에게 제시하고 보여줄 수 있는 개별 프로젝트 활동에 참여하고, 이

정량평가 Vs 정성평가
정량평가(절대평가)는 객관적인 수치(데이터)로 평가하는 방식이고, 정성평가(상대평가)는 수치로 표현할 수 없는 것을 주관적인 노력과 정성 등으로 평가하는 방식이다. 보통 학생부에서 교과나 수능은 점수로 수치화한 정량평가이며, 비교과의 행동특성종합의견, 특목고, 자율고의 자기주도학습전형이나 대학의 학생부종합전형 등의 평가 방식이 정성평가이다.

러한 프로젝트들을 동아리활동을 통해 학교생활기록부에 기입해야 한다.

1 전공역량 프로젝트를 찾는 방법

학생들이 본인의 전공역량을 만들어 갈 방법으로는 각종 공모전에 참여하는 방법이 있다. 공모전에 대한 정보를 모아놓은 웹사이트들을 참조하면 좋다. 예를 들어, 씽굿 공모전

웹사이트에 들어가면 전체 공모전 현황이 분류되어 제시되고 있다. 수험생 각자에게 맞는 전공역량과 관련 분야가 진행하기 좋게 수험생들의 입맛대로 분류되어 있다. 웹사이트에 있는 공모전들은 대부분 공적인, 즉 학교장이 인정하는 수상 공모전들이다.

① 논문/리포트　　② 네이밍/슬로건

③ 기획/아이디어　　④ 디자인

⑤ 광고/마케팅　　⑥ 문학/수기

⑦ 과학/공학　　⑧ 게임/소프트웨어

⑨ 체험/참여

권현 선생님의 Tip

청소년들을 위한 공모전 관련 웹사이트
- 씽굿 www.thinkcontest.com
- 올콘 www.all-con.co.kr
- 대티즌 www.detizen.com

② 공모전 대회에 걸려 있는 수상 목록들

교내 대회도 아닌데 이런 공모전에 나가는 것이 무슨 소용이 있냐고 생각하는 사람들이 있을지도 모른다. 하지만 이런 공모전 대회에 걸려 있는 상장의 내용을 가만히 들여다보면 이런 생각들이 얼마나 순진한 생각이었는지 알 수 있다..

대표적으로 2016년에 있었던 고용노동부와 미래창조과학부에서 주관하는 공모전을 살펴보자. 이런 종류의 공모전은 주최, 주관하는 기관이 공신력 있는 기관이기 때문에 학교장의 재량에 따라 학교생활기록부에 충분히 기재할 수 있다.

[2016 소셜벤처경연대회포스터]

[사물인터넷 기술 공모전 포스터]

1. 소셜벤처 경연대회 (청소년 아이디어 부문)

소셜벤처 경연대회 제안서
(청소년 아이디어 부문)

제안서 요약본

* 제안서 요약본은 1page 이내로 작성

팀명	
해결하고자 하는 사회 문제	
문제 해결 방법	
기대효과	

1	해결하고자 하는 사회 문제

- 해결하고자 하는 사회적 문제, 핵심 이해 관계자, 기존의 문제 해결 방법
- 문제에 관심을 가지게 된 이유(동기)
※ 제안서 세부 내용은 해당 내용을 포함하여 제안자가 자유롭게 변형

2	문제 해결 방법(solution)

- 사회 문제 해결을 위한 혁신적 해결 방안 및 창의적 아이디어를 자유롭게 설명
- 기존 문제 해결 방법과 구별되는 차별성
- (추가제안사항) 위 solution이 지속가능한 방식으로 이루어질 수 있도록 비즈니스 모델의 형태를 구상한다면 어떻게 가능할 것인지를 제안
※ 제안서 세부 내용은 해당 내용을 포함하여 제안자가 자유롭게 변형

3	실행 계획 (모의 경영 프로젝트)

※ 청소년 부문의 경우 20만 원 이내로 권역 대회 합격자에 한해 활동비가 지원될 예정
– 아이디어 실행을 위한 준비, 활동 방법이나 과정
– 모의경영프로젝트의 목표, 주요 활동에 대한 계획(타켓, 활동 방식)
– 예산 활용 계획

항목	산출내용	금액	비고
총계		200,000원	

※ 제안서 세부 내용은 해당 내용을 포함하여 제안자가 자유롭게 변형

4	프로젝트의 기대효과

– 위 프로젝트가 주변 및 지역 사회에 미치는 여러 가지 효과
– 이러한 프로젝트 경험을 통한 개인의 성장 효과 및 이후 추진 가능한 후속 활동 계획 등
※ 제안서 세부 내용은 해당 내용을 포함하여 제안자가 자유롭게 변형

팀명		아이디어명		
분야	① 교육 ② 보건 ③ 사회복지 ④ 환경 ⑤ 문화, 예술, 관광, 운동 ⑥ 보육 ⑦ 산림보전 및 관리 ⑧ 간병, 가사지원 ⑨ IT, 정보통신 ⑩ 제조 ⑪ 적정기술 ⑫ 기타(　)			
신청자 (대표자)	대표자명	생년월일(대표자)		
	주　소			
	소속(학교 등)			
	연락처	전화	H/P	
		E-mail		

팀구성원 (팀참가자)	성명	생년월일	역할	소속	전화번호	E-mail
	별첨 서류에 첨부					

지도교사 (선택 사항)	성명		소속		전화번호	E-mail

지적 재산권 보유현황	권리구분 (국내외 특허, 실용신안)	등록(출원)명칭	등록(출원)번호	등록(출원)인

수상 경력	대회명	수상내역	수상일자	시행기관	아이템

지원 경로	언론( ), 온라인카페, 블로그 ( ), SNS ( ) 진흥원 홈페이지( ), 주변인 추천 ( ), 공모전 사이트( ), 포스터 등 홍보물( ) 기타 ( )

위와 같이 참가신청서를 제출합니다.

년   월   일

신청인 :   (인)

한국사회적기업진흥원장 귀하

첨부서류	1. 개인정보 수집, 조회 및 활용 동의서 1부(대표 및 팀원 당 1부) 2. 사업제안서 1부

2. 사물인터넷(IoT) 기술 공모전

제2회 사물인터넷(IoT) 기술 공모전 공모요강

□ 공모기간 : 2016. 4. 25(월) ~ 6. 9(목)

□ 참가대상 : 예비창업자(학생, 일반인), 창업 7년 이내 중소기업 및 벤처기업
　※ 단, 부산지역에서 사업장 설립 또는 창업을 희망하는 대한민국 국민이면 누구나 참여 가능

□ 공모분야 : 사물인터넷(IoT) 기반 창업·기술 공모(IoT 상용화 가능한 전 분야)

○ 주최 : 미래창조과학부, 부산광역시

○ 주관 : 부산창조경제혁신센터, 부산정보산업진흥원

○ 후원 : 롯데그룹

○ 문의처 : 부산창조경제혁신센터 ☎ (051) 749–8911

◯ 부산창조경제혁신센터

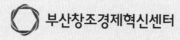

학생부종합전형의 본질

위와 같은 공모전들이 어떻게 학생들의 전공역량 개발에 도움이 될 수 있을까? 학생부종합전형에서 입학사정관들이 주로 평가하는 것은 학생 본인의 전공역량과 개발 과정이다. 그러므로 학생부종합전형으로 대학에 진학하고자 할 때에는 우선 대학의 학생부종합전형에 맞는 본인의 로드맵을 계획하고, 로드맵이 정해졌으면 이를 입학사정관들에게 보여줄 수

있는 본인만의 이야기와 그 이야기에 맞는 학생부종합전형 전공역량을 꾸준히 개발하고 만들어 나가야 한다.

더구나 저 내신 학생들이나 학교에서 학생부종합전형 입시교육을 받을 수 없는 학생들이 학생부종합전형으로 대학에 합격하기 위해서는 전공역량의 적합성의 우수성을 매우 객관적으로 대학에 인정받아야 한다. 그래서 다른 학생들보다 학교생활기록부라는 본인의 포트폴리오를 더 착실하게 만들고 기록해야만 한다.

> 66 전공역량의 적합성을 대학에 인정받기 위해서는
> 다른 학생들보다 학교생활기록부라는 본인의 포트폴리오를
> 더 착실하게 만들고 기록해야만 한다. 99

학생부종합전형에서 평가 대상이 되는 전공역량은 활동과정과 성실성, 학생의 인식, 변화와 성장이다. 앞에서 소개한 이런 종류의 공모전들은 공정한 기관노동고용부, 미래창조과학부에서 주최 및 주관하는 것이므로, 학생의 노력 여하와 과정들을 효과적으로 입학사정관들에게 보여줄 수 있다. 그래서 주관과 주최가 공정하고 객관적인 공모전들은 학교장의 인정하에 학교생활기록부에 기재할 수 있다.

교육부에서 주최와 주관이 명확한 공모전에 관한 학교생활기록부 기재를 분명히 명시했는데도 불구하고, 때로는 학교의 무관심 혹은 실수로 본인의 노력이 학교생활기록부에 명시되지 못하는 일이 빈번히 일어나기도 한다.

🎓 학교와 교사에게서 소외된 학생들의 학생부종합전형

이런 공모전에서 수상하려면 소규모 동아리활동을 통한 학생들의 자발적인 전공역량 프로

젝트가 학교 내에서 활발히 이루어져야 한다. 그리고 이때 필요한 것이 담당 교사의 지도와 가르침이다. 학생들이 알아서 하는 전공역량 프로젝트에는 한계가 있기 때문이다. 물론 몇몇 우수한 학생들은 직접 팀을 만들고 다른 학생들을 모아 연구할 수도 있다. 하지만 이런 학생들은 극소수이므로, 학교는 학생부종합전형 전공역량 프로젝트를 위해 학생들을 돕고 가르쳐야 한다. 그러나 학교의 이러한 학생부종합전형 시스템은 극소수 높은 성적을 가진 학생들 혹은 교사와 커뮤니케이션이 잘 되는 몇몇 학생들을 위해 운영될 뿐 대다수의 학생은 교내 학생부종합전형 입시 시스템에서 소외되고 있다.

🎓 내신 성적이 낮다고 해서 꿈이 없는 것은 아니다.

10년 동안 입학사정관제와 학생부종합전형 강연회를 위해 전국의 고등학교를 다니면서, 아무리 바빠도 학생들과 간담의 시간을 가져왔다. 놀라운 일은 2008년 처음으로 입학사정관제 책을 출간하고 학교에 강연회를 다니던 때와 그로부터 10년 뒤인 2017년 학생들의 목소리에는 변화가 없다는 것이다.

내 주위로 몰려와 호기심 많은 눈빛을 반짝이며 학생부종합전형에 대하여 두서없이 묻는 학생들은 대부분 내신 3~5등급대이다. 이 학생들과 대화를 하면서 누군가가 조금만 이 학생들의 방향을 잡아주고 격려를 해준다면 이들 중에서 대학이 필요로 하는 인재가 나올 수 있을 것이라는 생각을 했다. 내신 4등급이라고 해서 학생부종합전형으로 서울권 대학에 합격하지 못하는 것이 아니고, 검정고시 출신 학생이라고 해서 학생부종합전형으로 의대에 가지 못하는 것이 아니다. 내신 5등급 학생의 꿈과 희망도 5등급이라고 누가 장담할 수 있는가?

장애인의 날 기념 〈아삭공모전〉

[세상을 따뜻하게 만드는 아이디어 공모전 신청서]

접수번호 No.

신청자 인적사항	성명(이름)	홍길동	생년월일	
	이메일	홍길동	휴대폰번호	
	현재 거주주소	(–)		
공모전 참여경로	☐ 인터넷 ☐ 홍보포스터 ☐ 주변소개 및 권유 ☐ 기타( )			
아이디어명	수저락과 따뜻한 베개			
아이디어 주제	장애우를 위한 식사 도구와 베개			
작품설명	간단한 설명 (그림첨부 가능)	몸이 불편한 아이는 젓가락질을 제대로 못 하는 경우가 많습니다. 그래서 첫 번째는 젓가락을 쉽게 사용하면서 사용법을 익힐 수 있는 방법으로 '수저와 젓가락'입니다. 어린이용 젓가락 모양으로 한쪽은 숟가락, 한쪽은 젓가락을 붙이는 것입니다. 소재는 가벼운 플라스틱을 사용하여 만듭니다. 밥을 먹을 땐 숟가락으로 먹고 반찬을 먹을 땐 숟가락과 젓가락 한쪽을 부딪치게 해서 음식을 먹는 것입니다. 보육원에서는 한 방에서 여러 명의 아이들이 함께 자는 경우가 많습니다. 잘 때 아이들은 온기를 느낄 수 있어야 성격이 난폭해지지 않는다고 합니다. 두 번째 아이디어는 '따뜻한 베개'입니다. 아이의 키만 한 베개를 따뜻하게 만들어 잠잘 때도 옆에 누군가 있는 것처럼 온기를 느낄 수 있게 하는 것입니다. 베개의 소재는 발열내의를 만들 때 사용되는 원단을 사용하는 것입니다. 그중에서도 신체열 반사를 이용한 섬유를 사용합니다. 이 섬유로 베개를 만들면 아이들의 체온이 섬유에 반사되어 베개는 겨울철에 입는 패딩처럼 따뜻해지게 됩니다.		

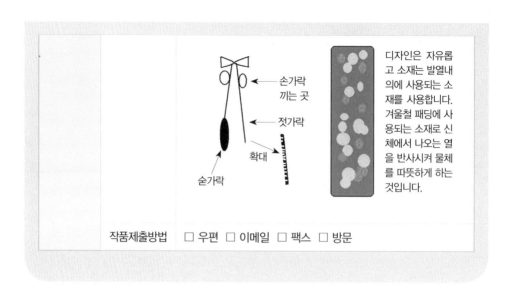

디자인은 자유롭고 소재는 발열내의에 사용되는 소재를 사용합니다. 겨울철 패딩에 사용되는 소재로 신체에서 나오는 열을 반사시켜 물체를 따뜻하게 하는 것입니다.

손가락 끼는 곳

젓가락

확대

숟가락

작품제출방법　□ 우편　□ 이메일　□ 팩스　□ 방문

　　그밖에 〈공유경제 사업화 아이디어 공모전〉 〈따뜻한 기술 아이디어 공모전〉 〈보물찾기 전국중고생자원 봉사대〉 〈전통시장 살리기 공모전〉 등의 다양한 공모전에서 전공역량을 발전시킬 수 있다.

STEP 03　서류합격하기

전공역량에 맞춘
자기소개서

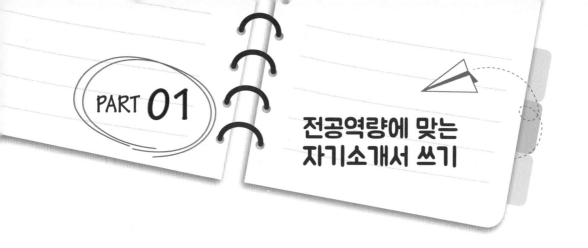

PART 01

전공역량에 맞는 자기소개서 쓰기

지금까지 STEP 01에서 학생부종합전형으로 대학에 합격할 수 있는 로드맵과 스토리텔링 작성 방법과 STEP 02에서 학생부종합전형의 뼈대가 되는 학교생활기록부 작성 방법, 공모전을 통한 전공역량 개발 방법까지 숨 가쁘게 학생부종합전형의 과정을 알아봤다. 하지만 이것으로 학생부종합전형 입시의 끝이 아니다. 대학의 입학사정관들은 수험생 본인의 전공역량과 인성역량을 일목요연하게, 알기 쉽게, 핵심만을 모아 자기소개서라는 서류로 보여주기를 원한다. 몇 명 안 되는 입학사정관들이 일일이 학교생활기록부를 꼼꼼히 훑어볼 수 없으므로, 학생들은 자기소개서를 통해 본인의 장점들을 최대한 정확하고 간결하게 입학사정관들에게 알리기 위해 노력해야 한다.

자기소개서, 정말 합격하고 싶다면 이렇게 써라!

2012년부터 현재까지 언론에 '권현 선생님의 입학사정관제 갈라콘서트'를 기고하면서, 대학, 학과별 자기소개서에 대한 내용을 많이 다뤄왔다. 이번 단계에서는 대학, 학과별로 합격하는 자기소개서를 쓰는 방법과 예시를 자세히 알아보겠다.

전화 문의를 해오는 학부모 중 일부는 참으로 답답하다는 생각을 하게 한다. 그들은 대학 입시에 대한 정보도, 준비도 없는 상황에서 자기소개서 하나만 잘 쓰면 무조건 대학에 합격할 수 있다고 생각한다. 또 다른 학부모는 본인의 아이가 '내신 1등급이니 자기소개서가 뭐가 그렇게 중요하냐'고 물어오기도 한다. 하지만 자기소개서를 제대로 정리하지 못한 그 학부모의 아이는 내신 1등급을 받고도 그 해 서울권 대학에 떨어졌다. 그렇다면 자기소개서는 대학 합격에 어떤 영향을 얼마나 미치는 걸까? 지금부터 자기소개서의 대학 합격 역량에 대해 짚고 넘어가도록 하자!

2018학년도 기준으로 각 대학의 학생부종합전형 평가 기준을 살펴보면 대부분 대학이 서류종합평가(비교과 영역) 100%로 1단계에서 학생들을 선발하고, 2단계 면접에서 1단계 성적 70%(40~80%) + 면접평가 30%(20~60%)로 최종 학생부종합전형 합격생을 선발한다고 명시하고 있다. 학생부종합전형에 지원한 학생이 1단계 서류종합평가를 통과하기 위해서는 비교과 영역 100%의 관문을 반드시 넘어야만 한다. 비교과 100%는 교과 부분과 비교과 부분으로 나누어진다.

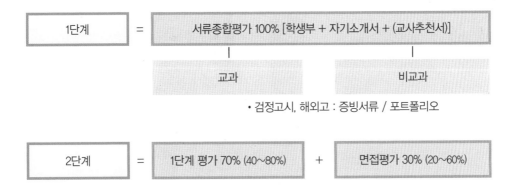

그러므로 서울권 대학의 학생부종합전형에 합격하기 위해서는 비교과 영역에서 좋은 점수를 받아야 하는데, 이때 자기소개서의 정확한 역할은 학교생활기록부 혹은 증빙서류

및 포트폴리오의 객관성과 연관성을 입학사정관들에게 간단명료하게 전달하고, 학생의 생각과 의식을 입학사정관들에게 직접 보여주는 것이다. 다시 말해, 각 대학의 입학사정관들은 자기소개서만을 평가의 기준으로 하는 것이 아니며, 자기소개서는 학교생활기록부 혹은 증빙서류와 포트폴리오의 간략한 스토리북 역할을 하는 것이다. 그렇다면 자기소개서가 중요하지 않다는 말인가? 대답은 '그렇지 않다'이다. 자기소개서는 제일 먼저 입학사정관들과 대면하는 기초 자료이기 때문에 매우 중요하다.

권현 선생님의 Tip

우리나라의 학생부종합전형이 제대로 정착되려면 면접과 서류전형의 순서가 바뀌어야 한다고 생각하지만, 인력문제와 여러 가지 현실적인 사항들로 인해 그럴 수 없는 실정이다. 그래서 1차 전형에서 서류로 먼저 세부사항을 확인하고, 각 대학의 합격 기준에 부합하는 학생들을 2차 면접전형에서 꼼꼼히 확인하여 최종 합격자를 선발하는 것이다. 하지만 제대로 학생의 꿈과 이상을 확인하려면 2차 면접전형과 1차 서류전형의 순서를 바꿔야 한다고 생각한다. 그 이유는 아직 입학사정관들이 서류 속 행간의 의미까지 찾아 숨은 인재를 걸러낼 수 있는 능력이 부족하기 때문이다.

※ 학교생활기록부 – 재학생(일반고, 특목고, 자사고 등)
※ 증빙서류 · 포트폴리오 – 해외고, 검정고시, 대안고 등

🎓 학생부종합전형 자기소개서 공통문항(대학교육협의회)

자기소개서는 본인의 장점은 무엇인지, 원하는 대학, 학과에 들어가기 위해 본인이 무엇을 어떻게 해왔는지, 이를 통해 느낀 것은 무엇인지, 이렇게 배우고 느낀 것들을 대학 입학 후에 어떻게 발전시키고 남들과 나눌 것인지에 대한 생각과 사유를 매우 구체적으로 작성하여 입학사정관들에게 제출하는 것이다. 몇 년째 바뀌지 않는 대학교육협의회의 학생부종합전형 자기소개서 공통문항은 다음과 같다.

> 1. 고등학교 재학 기간 중 학업에 기울인 노력과 학습경험에 대해, 배우고 느낀 점을 중심으로 기술해 주시기 바랍니다. (1,000자 이내) ⇨ **학업 영역**
>
> 2. 고등학교 재학 기간 중 본인이 의미를 두고 노력했던 교내 활동을 배우고 느낀 점을 중심으로 3개 이내로 기술해 주시기 바랍니다. (단, 교외 활동 중 학교장의 허락을 받고 참여한 활동은 포함됩니다.) (1,500자 이내) ⇨ **비교과 영역**
>
> 3. 학교생활 중 배려, 나눔, 협력, 갈등관리 등을 실천한 사례를 들고 그 과정을 통해 배우고 느낀 점을 기술해 주시기 바랍니다. (1,000자 이내) ⇨ **인성 영역**

1. **1번 문항 '학업 영역'.** 본인이 정한 대학, 학과에 가기 위해 고등학교 재학기간 동안 학생이 학업에 기울인 노력은 무엇인지, 그러한 과정에서 학생 본인이 배우고 느낀 점은 무엇인지 자세히 기술하는 문항이다.

2. **2번 문항 '비교과 영역'.** 본인의 희망 전공과 관련하여 재학기간 동안 의미를 두고 노력했던 활동 세 가지와 역시 그러한 과정에서 깨닫고 느낀 사항들을 자세하게 기술하는 문항이다.

3. **3번 문항 '인성 영역'.** 배려, 나눔, 협력, 갈등관리 등의 사례를 들고 그 과정에서 느끼고 배운 사례들을 기술하는 문항이다.

위에서 살펴본 자기소개서 문항들의 공통점은 무엇인가? 꼼꼼히 문항들을 분석했다면 분명히 알 수 있을 것이다. 세 가지 문항의 공통점은 '행위, 그리고 그 행위에 대한 학생만의 사유와 생각의 정리'이다. 더 자세히 말하면 학생이 정한 대학과 학과의 본질에 맞는 구체적이고 객관적인 경험, 그 경험을 통한 학생만의 사유를 자기소개서를 통해 입학사정관들에게 전달해야 한다는 것이다.

🎓 자기소개서를 쓸 때 유의할 점

재학생의 학생부종합전형 자기소개서는 학교생활기록부라는 뼈대를 중심으로 써야 한다. 대학의 입학사정관들이 여러분의 자기소개서를 보고 관심이 있다면, 꼼꼼하게 학교생활기록부와 대조해보기 때문이다. 그래서 수험생 여러분들은 자기소개서를 쓸 때 학교생활기록부에 포함된 진실한 사항만을 활용하여 써나가야 한다. 그렇지 않으면 여러분들은 학생부종합전형 입시에서 큰 불이익을 당하게 된다.

학생부전형 자기소개서 공통양식

〈작성 시 유의 사항〉

1. 자기소개서는 지원자 본인이 작성하여야 하고, 사실에 입각하여 정직하게 지원자 본인의 능력이나 특성, 경험 등을 기술하여야 합니다.

2. 자기소개서에 기술된 사항에 대해 사실 확인을 요청할 경우 지원자는 적극적으로 협조하여야 합니다.

3. 제출된 자기소개서는 표절, 대리 작성, 허위사실 기재, 기타 부정한 사실 등의 검증을 위해 유사도 검색을 시행하고, 해당 사실이 발견될 경우 불합격 처리되며 합격 이후라도 입학이 취소될 수 있습니다.

4. 자기소개서에 다음 사항을 기재할 경우 서류 평가에서 "0점"(또는 불합격) 처리됩니다.

1	공인어학성적

영어(TOEIC, TOEFL, TEPS), 중국어(HSK), 일본어(JPT, JLPT), 프랑스어(DELF, DALF), 독일어(ZD, TESTDAF, DSH, DSD), 러시아어(TORFL), 스페인어(DELE), 상공회의소한자시험, 한자능력검정, 실용한자, 한자급수자격검정, YBM 상무한검, 한자급수인증시험, 한자자격검정

2	수학 · 과학 · 외국어 교과에 대한 교외 수상실적
수학	한국수학올림피아드(KMO), 한국수학인증시험(KMC), 온라인 창의수학 경시대회, 도시대항 국제 수학토너먼트
과학	한국물리올림피아드(KPHO), 한국화학올림피아드(KCHO), 한국생물올림피아드(KBO), 한국천문올림피아드(KAO), 한국지구과학올림피아드(KESO), 한국뇌과학올림피아드, 전국정보과학올림피아드, 국제물리올림피아드, 국제지구과학올림피아드, 국제수학올림피아드, 국제생물올림피아드, 국제천문올림피아드, 한국중등과학올림피아드

외국어	전국 초중고 외국어(영어, 중국어, 일본어, 프랑스어, 독일어, 러시아어, 스페인어) 경시대회, IET 국제영어대회, IEWC 국제영어글쓰기대회, 글로벌 리더십 영어 경연 대회, SIFEC 전국영어말하기대회, 국제영어논술대회

* 위에서 열거된 항목 외에도, 대회 명칭에 수학·과학(물리, 화학, 생물, 지구과학, 천문)·외국어(영어 등) 교과명이 명시된 학교 외 각종 대회(경시대회, 올림피아드 등) 수상실적을 작성했을 경우 "0점"(또는 불합격) 처리

** '교외 수상실적'이란 학교 외 기관이 개최한 대회 수상실적을 의미하며, 학교장의 참가 허락을 받은 교외 수상실적이라도 작성시 "0점"(또는 불합격) 처리

5. 학생부 위주 전형의 자기소개서는 공교육 내에서 이루어진 활동을 작성하는 취지이므로, 위에서 제시되지 않은 항목이라도 사교육 유발요인이 큰 교외 활동(해외 어학연수 등)을 작성했을 경우, 해당 내용을 평가에 반영하지 않습니다.

⇒ 본인은 자기소개서 작성에 관한 유의 사항을 숙지했으며, 유의 사항 위반에 따른 조치에 대해서는 이의를 제기하지 않겠습니다. (동의 : □)

〈공통문항〉

1. 고등학교 재학 기간 중 학업에 기울인 노력과 학습 경험에 대해, 배우고 느낀 점을 중심으로 기술해 주시기 바랍니다(1,000자 이내).

2. 고등학교 재학 기간 중 본인이 의미를 두고 노력했던 교내 활동을 배우고 느낀 점을 중심으로 3개 이내로 기술해 주시기 바랍니다. 단, 교외 활동 중 학교장의 허락을 받고 참여한 활동은 포함됩니다(1,500자 이내).

3. 학교생활 중 배려, 나눔, 협력, 갈등 관리 등을 실천한 사례를 들고, 그 과정을 통해 배우고 느낀 점을 기술해 주시기 바랍니다(1,000자 이내).

〈자율문항〉

* 지원 동기 등 학생을 종합적으로 판단하는 데 필요한 경우 대학별로 1개의 자율 문항을 추가하여 활용하시기 바랍니다(글자 수는 1,000자 또는 1,500자 이내로 하고 대학에서 선택).

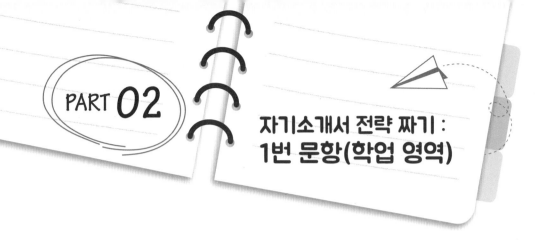

PART 02
자기소개서 전략 짜기 : 1번 문항(학업 영역)

> 고등학교 재학 기간 중 학업에 기울인 노력과 학습경험에 대해, 배우고 느낀 점을 중심으로 기술해 주시기 바랍니다.

합격하는 자기소개서를 쓰기 위해서 가장 중요한 것은 구체적인 '사례 제시'와 구체적인 '경험 제시'사례 속에서 느낀 학생만의 객관적이고 뚜렷한 경험 제시이다. 합격하는 학생부종합전형의 모든 자기소개서는 이것에서 출발해야 한다.

1번 문항은 재학 기간 중 수험생들이 학업과 관련하여 기울인 노력과 경험, 전공역량과 관련하여 배우고 느낀 점을 입학사정관들에게 이야기하는 문항이다. 이 문항을 작성할 때 주의할 점은 공인어학성적이나 교과 외 수상실적의 이름을 명시해서는 안 되며, 학교장이 인정한 교외 대회의 수상경력이 있는 수험생들은 수상명칭을 직접 쓰지 말아야 한다는 것이다.

1번 문항을 작성할 때에는 학업에 기울인 노력과 본인의 전공역량을 적절하게 매치시켜 쓰는 것이 중요하다. 그렇다고 해서 의대에 지원하는 학생들은 과학, 수학 분야, 국문과에 지원하는 학생들은 국어, 작문, 문학 분야처럼 판에 박히게 쓰는 것 보다경영학과, 사회복지

학과, 심리학과, 문화콘텐츠학과 등에 지원하는 경우, 전공역량과 조화를 이루는 교과목을 찾기 어렵다. 수험생 본인이 고등학교 재학 기간에 본인의 꿈과 희망을 구체화하기 위해 노력하고 배우고 느낀 점을 다양하고 자세하게 기술하는 것이 합격의 포인트이다.

예시 01_ 엉뚱한 소리 + 학업 노력 무시 + 학습 경험 무시

1. 고등학교 재학 기간 중 ① 학업에 기울인 노력과 ② 학습경험에 대해 ③ 배우고 느낀 점을 중심으로 기술해주시기 바랍니다.(1,000자 이내)

고등학교 2학년 때의 일입니다. 저는 평소에 '역사'라는 과목을 순전히 암기만 반복하는 과목이라 생각하여 좋아하지 않았습니다. 그러나 시험은 치러야 하니 공부는 당연히 해야 했고 그러던 중 우연히 신문에서 '암기의 비밀'이라는 제목의 글을 접하였습니다. 당사자의 기분이 좋은 상태로, 즉 스트레스를 받지 않고 즐거운 마음으로 암기했을 때 암기의 효율이 가장 극대화된다는 내용이었습니다. 그 글을 읽고 난 후, '이왕 하는 것이라면 울며 겨자 먹기 식으로 하기보다는 즐거운 마음으로 공부에 임해보자!'라고 생각했고, 바로 실천을 해보았습니다. 하지만 단순 암기는 잘 될지 몰라도 '역사'라는 과목은 흥미가 생기질 않아 효율성이 떨어지는 것을 느꼈습니다. 평소 인터넷에 떠돌아다니는 명강의 같은 영상에 흥미를 느끼고 있던 저는 '역사'라는 과목을 어떻게 공부하면 좋을까 고민하던 때에 인터넷에서 '세계사 한눈에 보기'라는 동영상 강의를 우연히 보게 되었습니다. 그 강의가 비록 한국사와 별개인 세계사 강의였다고 할지라도 그 동영상은 저에게 큰 교훈을 주었습니다. 보고 듣고 배우고 느낀 것들은 결코 사라지는 것이 아닙니다. 그런 것들이 제 머릿속에 계속 남아 경험이 되는 것이고 결국 저에게 피가 되고 살이 된다는 것을 깨달았고, 모르는 무언가를 알아가는 것이 정말 흥미로운 일이라는 것을 알았습니다. 그 후 다시 한국사를 손에 잡았을 때, 전과 달리 모르는 것을 알아가는 재미를 느낄 수 있었고 한국사 과목은 정말 흥미로운 과목으로 바뀌었습니다. 또한, 계속 공부를 하다 보니 중요한 것을 요약하여 친구들에게 설명하는 식으로 복습하는 방법 등 저만의 학습방법 또한 찾을 수 있었습니다. 결국, 한국사라는 과목은 지루하

엉뚱한 소리

엉뚱한 소리

③ 배우고 느낀 점

기만 한 암기과목이 아니라 모르는 것들이 많은 재미있는 이야기책으로 바뀌어 전체적인 성적 향상에도 큰 도움이 되었습니다.

[예시 01]은 자기소개서 1번 문항에서 주로 묻는 ① 학업에 기울인 노력, ② 학습경험을 무시하고 문제의 본질과 다른 엉뚱한 내용으로 기술했고, ③ 배우고 느낀 점도 구체적으로 기술하고 있지 않다. 개선 방안은 밑줄친 엉뚱한 글을 빼고, ① + ② + ③의 내용이 골고루 인과관계를 가지고 입학사정관들에게 전달되도록 내용을 기술하는 것이 합격포인트이다.

예시 02_ 엉뚱한 소리 + 감정 과잉

1. 고등학교 재학 기간 중 ① 학업에 기울인 노력과 ② 학습경험에 대해 ③ 배우고 느낀 점을 중심으로 기술해주시기 바랍니다.(1,000자 이내)

감정과잉
+ 엉뚱한
소리
①
학업에
기울인
노력

②
학습
경험

글로벌 시대에는 영어가 필수적입니다. 저는 대학 진학 후, 영어로 된 다양한 원서들을 접해봐야겠다는 생각이 들어 영어독해동아리에 들어가게 되었습니다. 영어독해동아리에서 영어신문, 책, 영어로 된 해외 드라마 등 다양한 매체를 통해 학습하였는데, 영어가 수월하게 읽히거나 들리지 않았기 때문에 단어사전을 찾아가며 똑같은 장면을 반복하고 꾸준히 노력했습니다. 다양한 매체들을 통해서 영어공부를 하면서, 해외의 사회 · 문화 문제에 대해서도 학습할 수 있었습니다. 소통의 문제로 발생하는 사회적인 문제들을 해결하기 위해서, 해외의 사회 · 문화적 분위기를 잘 이해하고, 더 나아가 문화, 경제 등에 대하여 다양한 시각을 가지고자 노력하였습니다. 국어 성적을 올리기 위해서는 학교수업을 잘 듣는 것이 중요하다고 생각해서, 졸음이 오면 선생님께 양해를 구하고 교실 뒤에서 서서 수업을 받는 등 수업시간에 집중하기 위해 노력하였습니다. 수행평가 또한 성적에서 높은 비율을 차지하기 때문에 독후감을 누구보다 잘 쓰기 위해서 노력하였습니다. 문학작품을 잘 이해하고 감상하기 위해서는 당시 작가가 살았던 시대 상황이 작가에게 미쳤던 영향을 알아

야 한다고 생각되어, 작품의 시대적인 상황에 대해 알아보기도 하였습니다. 수업 후 선생님께 독후감 쓰는 방법을 여쭤 보았지만, 선생님께서는 번번이 바쁘다는 이유로 제 질문에 답을 해주지 않으셨습니다. 하지만 꾸준히 교무실을 드나들며 선생님께 질문하자, 선생님께서도 저의 열의를 보시고 독후감 지도를 도와주셨고, 이것이 계기가 되어 이후에도 국어 시간에 궁금한 점이 있으면 선생님께 질문하는 일이 많아졌습니다. 저는 이러한 과정을 통해 성적이 좋은 것도 중요하지만, 포기하지 않고 성실하게 교과목과 그에 관련된 자료들을 준비하는 것이 더 중요하다는 사실, 노력하면 언젠가는 제 노력의 가치를 인정받을 수 있다는 사실을 깨달았습니다.

감정과잉
+ 엉뚱한
소리

③
배우고
느낀 점

[예시 02]의 처음 도입부는 입학사정관이 알고 싶어하는 내용으로 기술하는 것이 중요하다. 대체로 ① 학업에 기울인 노력 + ② 학습 경험 + ③ 배우고 느낀 점을 안배해서 분량을 썼지만, 내용의 인과관계가 중간중간 끊어지고 후반부의 감정이 과잉된 엉뚱한 글을 지우고 조금 더 냉철하게 자신의 감정을 통제하여 입학사정관이 알고 싶어하는 ③ 배우고 느낀 점을 자세히 쓰는 것이 중요하다.

예시 03_ 엉뚱한 소리 + 학습 경험 무시

1. 고등학교 재학 기간 중 ① **학업에 기울인 노력**과 ② **학습경험**에 대해 ③ **배우고 느낀 점**을 중심으로 기술해주시기 바랍니다.(1,000자 이내)

저는 관광 전문가라는 꿈을 이루기 위해 영어 교과에 중점을 두어 공부하였습니다. 관광 전문가가 되기 위해서는 관광 서비스 정신, 영어 소통 능력 그리고 국제적인 예절 등이 필요하다고 생각하여 학업적으로 영어 실력을 높이기 위하여 노력한 것입니다. 저는 미국에서 태어나서 어린 시절을 보냈고, 초등학교를 러시아 모스크바에서 국제 학교에 다녀서 영어에 친숙했습니다. 공부한 양에 비해 영어 지필고사 점수가 나오지 않아서 속상한 적도 있었지만, 좌절하지 않고 부족한 부분들을 보충하려고 노력했습니다. 특히 어려운 독해 문제에서 내용을 정확히 이해하고 주제를 찾

엉뚱한
소리

①
학업에
기울인
노력

	는 연습을 많이 하였고, 학교 점심시간을 이용하여 규칙적으로 단어를 외우고 영어 듣기 문제를 풀면서 시험을 준비하였습니다. 진정한 영어 실력은 문법과 어휘, 독해 실력 등을 바탕으로 한 영어 구사 능력이라고 생각하여 말하기, 쓰기의 수행 평가에 최선을 다했습니다. 진로에 대한 영어 보고서 작성 및 발표 시간에는 관광학과를 지원하게 된 동기, 성장 배경, 노력 과정, 앞으로의 진로 계획 등을 본인감 있게 영어로 발표하여 좋은 점수를 받았고 보람을 느꼈습니다. 또한, 교내 영어 에세이 대회에 해마다 적극적으로 참가하여 에세이 실력을 높이는 기회를 가졌습니다. 한국사-영어 융합 수업 시간에는 '팝송 안에 양성 불평등의 요소가 있다'는 가설을 세워 팀원들과 함께 팝송 가사 안에 있는 양성 불평등 내용을 조사하였습니다. 팀의 대표로서 조사한 PPT 자료를 발표하였고, 팀원들과 '학교에서 양성평등을 실천하자'는 주제로 랩을 만들었습니다. 이 활동을 통해 남녀가 서로 다름을 인정하며 존중해야겠다고 느꼈고, 영어와 융합된 수업에서 저의 영어 실력이 발휘되는 것이 뿌듯하였습니다. 꾸준히 영어 학습에 노력을 기울인 결과로 서울시 관광 협회에서 관광통역안내 봉사자로 뽑혔고, 주말에 활동하고 있습니다. 관광 현장에서 외국인 관광객들에게 안내 봉사를 잘하기 위해서 영어 공부에 더 집중하게 되었습니다.

개인적 주관적 내용

③ 배우고 느낀 점

[예시 03]에서 학생은 ① 학업에 기울인 노력과 ③ 배우고 느낀 점은 있지만, ② 학습 경험에 대한 이야기가 없다. 중간부의 산만한 비교과 활동 내용을 자기소개서 2번 문항으로 옮기고, 1번 문항에서 묻고 있는 ① 학업에 기울인 노력과 인과관계가 있는 ② 학습 경험에 대해 쓰는 것이 중요하며, ③ 배우고 느낀 점은 조금 더 입학사정관에게 효과적으로 어필하는 것이 합격포인트이다.

예시 04_ 오목조목 제시

1. 고등학교 재학 기간 중 ① **학업에 기울인 노력**과 ② **학습경험**에 대해 ③ **배우고 느낀 점**을 중심으로 기술해주시기 바랍니다.(1,000자 이내)

대부분 학생처럼 저도 학년이 올라갈수록 수학이 어렵게 느껴지기 시작했습니다. 그래서 등한시했더니 학기 말에는 다른 성적과 비교하면 수학 성적이 많이 뒤처졌습니다. 하지만 절대 포기는 없다고 다짐했고, 수학과 다시 가까워지기 위해 노력했습니다. 먼저 모르는 문제가 생기면 답지를 보는 대신 풀릴 때까지 그 문제를 잡고 있었습니다. 처음에는 이렇게 하는 것이 시간이 너무 걸려 의심도 했고, 진도가 늦어져 회의감도 들었습니다. 하지만 꾸준하게 하다 보니 나도 모르는 사이 고난도 수학문제를 풀 수 있었습니다. 돌이켜 생각해보면 이 방식이 다른 과목에도 적용되어 큰 효과를 봤던 것 같습니다. 기억에 남는 것이 경우의 수 부분에서 공식으로는 도저히 문제가 풀리지 않아 1~4교시 쉬는 시간 내내 오기로 모든 경우의 수를 직접 찾아보기도 했습니다. 또 1학년 때는 수학에 대해 두려움을 없애기 위해 교내 수학 골든벨에 참여했습니다. 처음에는 재미로 참여하려 했지만, 이왕이면 최선을 다하자는 생각이 들었습니다. 그래서 친구 몇 명에게 고난도 수학 문제집의 여러 문제를 각자 부분을 나눠 설명해 보자고 제안했습니다. 친구들이 저에게 물을 수 있는 모든 부분을 생각하여 공부했기 때문에 한 문제에서 여러 수학 단원을 깊게 공부할 수 있었고, 자연스럽게 수학 골든벨 준비도 되었습니다. 이렇게 꾸준하게 노력한 결과로 수학성적이 많이 올랐습니다. 스스로 대견하고 '성취감이란 바로 이런 것이구나.'라고 느꼈습니다. 이렇게 안 되면 될 때까지 하는 저의 끈기가 어려운 환경에 부딪히더라도 이겨낼 수 있는 본인감을 주었습니다. 또한 '왜 이렇게 될까?'라고 생각하는 습관과 수학적인 사고방식도 얻을 수 있었습니다. 단순히 암기하는 공부가 아니라, 사고와 응용을 하게 되었고, 학문을 탐구하는 방법을 조금이나마 익히는 계기가 되었던 것 같습니다.

엉뚱한 소리 (좋지 않은 도입부)

① 학업에 기울인 노력

② 학습 경험

③ 배우고 느낀 점

[예시 04]는 대체로 자기소개서 1번 문항에서 묻는 ① 학업에 기울인 노력, ② 학습 경험, ③ 배우고 느낀 점에 대한 인과관계와 구성이 요목조목 잘 되어 있다. 1번 문항 도입시 약간의 엉뚱한 소리를 뺀다면 더욱 효과적인 자기소개서가 될 수 있다.

예시 05_ 학습경험 과민형

1. 고등학교 재학 기간 중 ① 학업에 기울인 노력과 ② 학습경험에 대해 ③ 배우고 느낀 점을 중심으로 기술해주시기 바랍니다.(1,000자 이내)

① 학업에 기울인 노력

② 학습 경험

제가 대학에서 전공하고 싶은 것은 사회과학이기 때문에 재학 기간에 사회와 수학 교과에 많은 노력을 기울였고, 논리적 사고의 필요성을 느꼈습니다. 수학의 경우에는 문제를 푸는 것뿐만 아니라 다양한 과정을 이해하기 위해 노력했고, 사회의 경우에는 교과서에 나오는 문제들을 현실의 문제와 연결시켜 해결할 수 있는 대안들을 공부했습니다. 그리고 1학년 때부터 전공과 관련된 서적에 흥미를 갖게 되어, 사회과학에 관심이 많은 친구와 독서모임을 해왔습니다. 처음에는 인원도 적고 지역과 학교가 달라 독서모임 운영에 차질이 있었지만, 제가 회원들의 사정을 잘 파악하고 시간을 잘 조정하여 원만하게 해결할 수 있었습니다. 또한, 독서모임을 통해 회원들 개개인의 생각이 잘 드러날 수 있도록 세미나를 진행했습니다. 세미나를 통해서 책을 읽으며 내 관점에서는 볼 수 없었던 것들을 배우는 소통을 경험할 수 있었고, 교과목과 관련된 내용도 더 심도 있게 배울 수 있었습니다. 그리고 재학 기간 동안 경험한 내용을 통합하여 정리하고, 그 지식을 타인과 함께 나누기 위해 한국의 지역주의에 관한 논문을 쓰기 시작했습니다. 지역주의 학자들과 만나 질문도 하고, 학회 세미나에 가보고, 지역주의에 관련된 문헌이나 자료를 수집하며 깨달은 점은 사회과학은 곧바로 현실 문제와 연결되고 그 과정에서 다양한 결론들이 도출될 수 있다는 점이었습니다. 논문이 완성된 후에는 지역 격차와 불균형을 해소하기 위해 ○○시 진로교육 사업에 참여하게 되었고, 친구들이 모의국회를 무료로 체험하고 경험할 수 있도록 조직위원장을 맡아서 해왔습니다. 저는 이러한 경험들을 통해 타인과의 협력과 소통의 중요성을 깨달을 수 있었고, 직접 행동으로 옮기는 것이 매우 중요하다는 것을 배울 수 있었습니다.

③ 배우고 느낀 점

[예시 05]는 ② 학습 경험에 너무 치중한 나머지 자기소개서 1번 문항에서 묻고 있는 ① + ② + ③ 내용의 인과관계 구성에 실패했다. ② 학습경험을 줄이고, ① + ② + ③의 인과관계를 잘 구성하여 쓰는 것이 합격포인트이다.

예시 06 _ 학업노력 부족형 + 학습경험 과시형

1. 고등학교 재학 기간 중 ① 학업에 기울인 노력과 ② 학습경험에 대해 ③ 배우고 느낀 점을 중심으로 기술해주시기 바랍니다.(1,000자 이내)

① 학업에 기울인 노력

'주식'은 제가 경제에 관심을 가지는 계기가 되었고, 경험을 통한 학습의 장을 만들어 친구들과 함께 꿈을 공유할 수 있었습니다. 1학년 사회 수업시간에 경제공부를 하면서 주식이 사회적 흐름을 예측하는 데 도움이 된다는 것에 놀랐고, 시대의 흐름을 읽어 미래를 예측하는 주식투자를 해보고 싶다는 생각이 들었습니다. 주식을 더 자세히 배우고자 경영학동아리에 가입했고, 담당 선생님께서 추천해주신 '주식투자 초보 탈출하기' 책을 읽으면서, 관심 가질만한 종목을 찾아 기업현황과 재무상태표 등의 정보를 확인하는 습관을 생활화해야 한다고 생각했습니다. 경제 강의에서는 주식시장뿐만 아니라 장·단기 금융시장과 같은 다양한 시장에서 돈이 원활하게 돌아 건강한 경제활동을 하도록 도와주는 금융의 역할에 대해 공부할 수 있었습니다. 경제캠프는 수도권에서 주로 개최되기 때문에 지방에서는 접할 기회가 적었고, 저는 경제교육의 기회를 받지 못한 지방 학생들에게 교육을 제공해주고 싶었습니다. 2학년 축제 때 기회가 생겨서 동아리 행사 시간에 '모의주식대회를 통한 경제 알기' 행사를 주도하여 기획했습니다. 광고지를 만들고 점심시간마다 각 교실에 홍보도 하며, 학생들이 많이 참여할 수 있도록 했습니다. 대회가 열리는 장소에는 기초경제용어인 주식과 금리의 의미 등을 정리해놓았습니다. 대회 당일

② 학습 경험

270명의 많은 학생이 참가하여, 경제용어들을 설명해달라고 하는 등 경제에 흥미를 느끼고 배우고자 하는 학생들이 많았습니다. 저는 경제교육을 보편적인 교육으로 인식시키고, 다른 학교와 교류를 통해 함께 발전하는 새로운 문화로 만들고 싶었습니다. 경제교육이 주된 목적이기 때문에 전문 강사님이 필요했고 증권사의 장학금과 후원을 받아 강의와 함께 ○○시 고교대항 모의주식대회를 개최하였습니다. 강의하시면서 대리님께서는 가족 중에 주식을 하는 사람이 있어서 자주 본 친구들은 이해하기 쉬울 것이라고 하셨습니다. 가족과 함께 주식에 관한 체험을 하고, 꿈에 대해 고민할 기회를 만들면 좋을 것 같다는 생각을 했습니다. 대회가 끝나고, 많은 학생이 본인이 꿈꿔오던 직업을 직접 겪으면서 탐구할 수 있어서 좋았다고 말했습니다. 처음 보는 친구들과 같은 관심 분야를 함께 공유할 수 있어 보람된 시간이었고, 앞으로 경영하면서 중요하게 다뤄야 할 사회적 동향을 주식으로 파악하는 방법을 배울 수 있었습니다. 엔터테이너 주가가 상승하면서 앞으로 여가, 문화산업이 발전할 것으로 생각했고, 사람들이 가족과 함께할 수 있는 여가, 문화프로그램을 통해 재충전하여 사회에서 능력을 마음껏 발휘할 수 있었으면 좋겠다고 생각했습니다.

③
배우고
느낀 점

[예시 06]은 ① 학업에 기울인 노력에 관한 내용이 매우 부족한 사례이다. ① 학업에 기울인 노력은 학교생활기록부에 기록된 사실(Fact)을 기반으로 써야 한다. ② 학습 경험과 ③ 배우고 느낀 점도 학교생활기록부를 근거해서 기록해야 입학사정관에게 잘된 자기소개서로 인정받을 수 있다. 어떤 경험을 통해 학습에 노력했으며, 친구들과 어떻게 꿈을 공유할 수 있었는지 조금 더 구체적으로 기술하는 것이 합격포인트이다.

🎓 자기소개서 1번 문항 쓰기 비법

학생부종합전형 자기소개서 1번 문항은 말 그대로 수험생 본인이 기울인 학업에 관한 노력과 학습경험에 대해 구체적으로 기술하고, 그 과정에서 본인의 전공역량에 맞게 느끼고 배운 점, 본인만의 경험에서 오는 이야기를 적으면 된다. 이때 자기소개서 1,000자 분량 중 ① 학업에 기울인 노력 250~300자 / ② 전공역량과 관련된 학습경

> **권현 선생님의 Tip**
>
> 자기소개서 1번 문항을 기술할 때는 생활기록부에 기재되어 있는 교과목과 관련된 교과학습발달상황, 세부능력 및 특기사항, 독서활동 영역, 자율활동 영역 안에서 적절한 콘텐츠를 골라 기술하고, 최대한 담담한 어조를 사용하여 객관적으로 기술하는 것이 좋다.

험 300자 / 학업에 기울인 노력 + 전공역량과 관련된 학습경험을 통해 ③ 느끼고 배운 본인만의 이야기를 300~350자 정도의 분량으로 안배하여 기술하는 것이 중요하다.

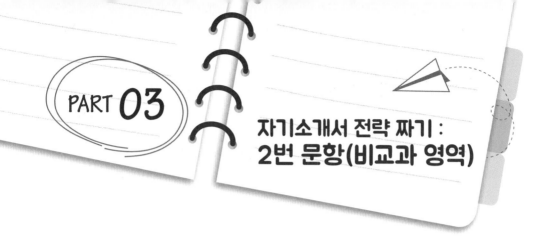

PART 03

자기소개서 전략 짜기 : 2번 문항(비교과 영역)

> **66** 고등학교 재학 기간 중 본인이 의미를 두고 노력했던
> 교내 활동을 배우고 느낀 점을 중심으로
> 3개 이내로 기술해 주시기 바랍니다.
> (단, 교외 활동 중 학교장의 허락을 받고 참여한 활동은 포함됩니다.) **99**

학생부종합전형 자기소개서 2번 문항은 비교과 영역에 대한 노력의 과정과 그 안에서 본인만이 배우고 느낀 점을 묻는 문항이다. 학교생활기록부상에 있는 본인의 비교과 영역 중 전공역량을 갈고 닦기 위해 노력했던 활동 또는 본인이 정한 전공역량과 연관이 있는 비교과 활동 3가지를 선별하여 작성하는 것이 합격하는 자기소개서를 쓰는 방법이다.

예시 01_ 느낀 점이 모호한 연관성 결여형

2. 고등학교 재학 기간 중 본인이 ① 의미를 두고 노력했던 교내 활동을 ② 배우고 느낀 점을 중심으로 3개 이내로 기술해 주시기 바랍니다. (단, 교외 활동 중 학교장의 허락을 받고 참여한 활동은 포함됩니다.) (1,500자 이내)

(1) 평소 북한에 관심이 많은 저는 새터민을 외국인으로 인식하는 것에 충격을 받았습니다. 그래서 통일글짓기대회에 나가 남북통일에 대한 의견을 피력했으며, 탈북자 인권 봉사단을 조직하여 한국 외 제3국으로 탈북하고 북으로 강제송환 당하는 탈북자들의 인권을 위한 캠페인을 진행해왔습니다. 저는 소통하는 정치인이 되는 것이 목표이기 때문에 북한과의 소통도 매우 중요하다고 생각합니다. 또한, 남북이 언제 통일될지 예측할 수 없기에 우리는 언제든 소통할 준비를 하고 있어야 한다고 생각합니다. 그래서 여러 가지 교내 활동들을 만들어서 학생들이 체험할 수 있도록 노력해오고 있습니다. 친구들은 본인의 꿈을 이루기 위해 고등학교 재학기간 동안 외부활동을 굉장히 많이 하는데, 비용도 많이 들고 외부활동에 대한 정보를 잘 알지 못하여 참여하지 못하는 경우가 많습니다. 그래서 친구들이 큰 비용을 들이지 않고도 좋은 활동들을 많이 할 수 있도록 (2) 교내에 모의국회, 모의 유엔을 만들어서 활동했으며, 제가 만들고 운영하던 전국 동아리를 통해서 교내 활동과 본인의 꿈을 이루기 위한 체험 활동이 부족한 ○○ 여고, ○○ 외고, ○○ 고, ○○ 여고 등 많은 학교에 모의국회 같은 체험활동들이 자리 잡을 수 있도록 도움을 주었습니다. 이러한 활동을 통해 교내외 많은 친구와 소통하며, 학교별로 교내 활동의 격차가 매우 크다는 것을 느낄 수 있었습니다. 앞으로도 많은 활동을 전파하여 이러한 한국 교육의 불평등을 체험으로 조금이라도 해소하고 싶다는 생각을 하게 되었습니다. 또 고등학교 기간 학술활동에 매우 많은 노력을 기울였습니다. (3) 1학년 때 ○○시 에듀클러스터에서 정치학 전공기초 수업을 들으며 정치학을 공부했습니다. 이 때 정치학 선생님께서 청소년들끼리 정치학독서클럽을 만드는 것이 어떨지 권유하셨고, 1학년 때부터 꾸준히 독서클럽을 진행해오고 있습니다. 요즘에는 세계화라는 체제 속에서 지구는 하나의 공동체라는 세계시민주의가 보편적이며, 대부분의 국가들이 세계화의 일원으로 함께하고 있습니다. 그렇기 때문

----

① 의미를 두고 노력했던 교내활동 → 연관성 결여

② 배우고 느낀 점

STEP 03 서류합격하기 - 자기소개서

① 의미를 두고 노력했던 교내활동 → 구체적인 소통과 운영방법 결여

② 배우고 느낀 점

① 의미를 두고 노력했던 교내활동

에 세계화 시대에 알맞은 리더가 될 수 있도록 재학기간 동안 모의유엔 활동을 해왔습니다. 평소 해오던 모의국회나 써왔던 논문들을 보면 대부분의 취지가 우리나라의 관점에서 문제점을 탐구하고 해결하려는 활동들이었습니다. 하지만 모의유엔에서 브라질 대표단으로 활동하면서 남북문제, 지구온난화 등의 범세계적인 문제를 다루며 국제적인 시각을 키웠으며, 이러한 경험을 바탕으로 교내 모의유엔을 조직하여 의장으로 활동하며 북핵문제, 크림반도 사태에 대해 다루고 세계 곳곳의 문제에 관심을 기울였습니다. 또한, 운영하던 ○○○가 대학생 모의유엔대회에 초대를 받아 대학생들과 함께 한반도 통일을 위한 국제협력방안을 논의하며 국제적인 관점에서 한반도를 바라볼 수 있었습니다. 이 때 정치에 있어서 소통과 화합에서 국제사회를 무시할 수 없다는 점을 깨달았고 글로벌한 소통과 화합에 대해서 배우고 느낄 수 있었습니다.

앞 ①의 의미를 두고 노력했던 교내 활동과 연관성 결여

[예시 01]은 ① 의미를 두고 노력했던 교내 활동 내용과 ② 배우고 느낀 점에 대한 연관성이 맞지 않는다. ①에 관한 ②의 연관성을 구체적으로 기술하는 것이 중요하다.

예시 02_ 연관성 모호 + 콘텐츠 부재형

2. 고등학교 재학 기간 중 본인이 ① 의미를 두고 노력했던 교내 활동을 ② 배우고 느낀 점을 중심으로 3개 이내로 기술해 주시기 바랍니다. (단, 교외 활동 중 학교장의 허락을 받고 참여한 활동은 포함됩니다.) (1,500자 이내)

①
의미를
두고
노력했던
교내활동

(1) 3학년에 올라왔을 때 학교에 '○○○ Class'라는 또래 상담부가 개설되었습니다. 원래는 1~2학년만 가능한 활동이었지만, 담당 선생님께 부탁을 드려 동아리 활동을 할 수 있었습니다. 제가 동아리에 들어간 이유는 담당 선생님께 심리 상담법을 배워서 후배들이나 친구들에게 상담을 해주고 싶었기 때문이었습니다. 그러나 선생님께서는 상담에 대해 잘 알지 못하는 상황에서 심리적으로 힘들어하는 학생들의 심리 상담을 하는 것은 매우 위험한 일이라고 하시며 상담

을 허락하지 않으셨습니다. 솔직히 처음에는 대체 왜 상담을 하지 말라고 하시는 걸까? 라는 의문이 들었지만 상담에 관한 지식이라도 알고 싶어서 선생님께 상담자가 가져야 할 자세와 조언하는 법 등을 여쭈었습니다. 선생님께서는 상담자에게는 내담자의 말에 귀를 기울임으로써 내담자의 심리상태에 안정을 주고, 믿음을 줄 수 있는 경청의 자세가 가장 중요하다고 말씀하셨고 내담자의 말에 공감을 함으로써 심적 안정을 찾게 한 뒤 충고가 아닌 조언을 긍정적인 방법으로 조심스럽게 표현해주는 것이 좋다고 말씀해 주셨습니다. ○○○ Class 활동을 통해서 단순히 경험을 바탕으로 고민이나 힘든 일들을 들어주면서 상담을 하면 된다고 생각했던 저의 무지와 경솔함을 깨달았고, 상담에 대해 공부해보고 싶은 생각이 더 커졌습니다.

① 과의 연관성 모호

② 배우고 느낀 점

(2) ○○교육청에서 주관한 학생자치활동캠프 '○○○ 리더'에 참가하여 조별로 나뉘어 토론을 했습니다. 사막에 표류할 때 가장 필요할 물건을 각자 순위별로 적고, 이 순위를 바탕으로 토론을 하여 조원 전체의 의견을 맞춰 순위를 같게 조정하는 방식으로 토론이 진행되었습니다. 특이했던 점은 만장일치가 되어야만 순위를 수정할 수 있다는 조건이 있었다는 점입니다. 우리 조는 개인별로는 순위를 모두 정했지만, 더 이상 토론이 진행되지 않았습니다. 그래서 제가 먼저 말을 꺼내어 한 명씩 시계 방향으로 돌아가면서 본인의 의견을 말하고, 그렇게 생각한 이유를 설명하도록 해보았습니다. 다행히 생각이 다른 학생이 있을 때는 설득하여 순위를 조율해 나가는 방식으로 토론이 순조롭게 진행되었고, 잘 마무리 되었습니다. 토론이 끝나고 나서 조원들이 모두 초면이라 말을 꺼내기도 쉽지 않았는데 먼저 이렇게 토론을 이끌어 가줘서 고맙다는 말을 해주어서 내심 뿌듯하기도 했습니다. 그 후 다른 조였던 친구들에게 토론진행 방식을 물어보았더니 거래식의 토론을 한 팀이 많았고 사회자 역할이 있었던 조가 한 조도 없었다고 합니다. 거래식으로 의견을 조율한 팀은 논리적인 근거 없이 순위를 변동하여 바람직한 토론이 이루어지지 않았고, 의견이 서로 맞지 않아 자기주장만 내세우다 싸우는 조도 있었다고 합니다.

① 의미를 두고 노력했던 교내활동

② 배우고 느낀 점

① 의미를 두고 노력했던 교내활동

(3) 학교 ○○축제에서 전체 진행을 맡아 전교생을 상대로 축제를 이끌었던 것과는 전혀 다른 작은 단위의 조별 활동을 통해 여러 사람의 의견을 조율할 때 논리적인 설득이 대단히 중요하다는 것을 느낄 수 있었습니다.

② 배우고 느낀 점

STEP 03 서류완성하기 - 자기소개서

[예시 02]는 전체 내용의 연관성이 없고 학교생활기록부의 콘텐츠도 부족하다. 이것은 학교생활기록부와 비교과 역량에 대한 학생 본인의 콘텐츠가 부족해서 나타나는 현상이다. 그래서 본인이 ① 의미를 두고 노력했던 교내 활동과 ② 배우고 느낀 점에 대한 연관성이 끊어지고, 아무 관련 없는 내용이 자기소개서 2번 문항의 본질을 훼손하고 있다.

예시 03_ 연관성 부재 + 느낌 단순형

2. 고등학교 재학 기간 중 본인이 ① 의미를 두고 노력했던 교내 활동을 ② 배우고 느낀 점을 중심으로 3개 이내로 기술해 주시기 바랍니다. (단, 교외 활동 중 학교장의 허락을 받고 참여한 활동은 포함됩니다.) (1,500자 이내)

①
의미를 두고 노력했던 교내활동

(1) 저는 학생의 신분이었지만, 성공적인 모의주식대회를 위해 할 수 있는 것보다 더 노력했습니다. 경제 흐름을 읽어 투자의 위험성을 줄이고, 건전한 경제시민을 양성하기 위해서는 조기교육이 필요하다고 생각합니다. 그래서 ○○시 고교대항 모의주식대회를 개최하기 위해 직접 제안서를 작성하여 증권사에 찾아 갔습니다. 대리님께서는 고등학생을 대상으로 하는 교육은 처음 있는 일이라고 신선해하셨지만, 사행성을 야기할 수 있다며 반대하셨습니다. 그러나 저는 포기하지 않고 5번에 걸쳐 방문을 했고, EBS 경제 공부, 수업시간마다 주식의 위험성을 이야기하는 것과 같은 해결책을 준비해갔습니다. 결국 저의 노력으로 대리님께서 장학금 100만 원과 10시간의 재능기부를 후원해주셨습니다. 대회에는 12개 학교에서 127명의 학생이 참가하였고, 경제교육을 받았습니다. 일을

②
배우고 느낀 점

추진함에 있어서 어려운 점도 많았지만, 대리님의 자상하신 가르침으로 인하여 극복할 수 있었으며 많은 것을 배울 수 있었습니다. 원하는 목표가 있다면 지속적으로 노력하고 방법을 찾는 것, 해당 전문가의 조언을 수렴하고 연구하는 것이 중요한 성공요인이라는 것을 깨달았습니다. 더 나아가 가족 여가경영의 꿈을 향한 길에서도 위와 같은 성공요인이 중요하다고 생각했습니다.

(2) 봉사활동을 통해 가정경영의 꿈을 갖게 되었고, 가정경영 분야의 다양성을 찾을 수 있었습니다. 부모님과 함께하는 봉사활동은 이색적인 경험이 될 것 같아서 부모님과 함께 봉사활동을 하게 됐습니다. 1학년 때 했던 봉사활동은 변두리 지역의 장애우 복지시설에서 방을 청소하고, 장애우들과 함께 놀아주는 활동이었습니다. 장애우들이 제한된 공간에서 같은 생활을 반복하고, 열악한 환경에서 지내는 모습을 눈으로 보니 가슴이 아팠습니다. 또한 장애우들도 가족과 함께 지내고, 여행도 가보고 싶을 것이라는 생각이 들었습니다. 집에서 장애우 가족들의 여행에 대하여 찾아보던 중 일반 가족들도 자녀와의 소통이나 경제문제로 힘들어하는 경우가 많다는 것을 알게 되었습니다. 그래서 저는 언젠가는 꼭! 가정의 가계를 효율적으로 관리해주고, 여가생활을 통해 소통하는 기회를 만들어줄 수 있는 사람이 되겠다고 다짐하였습니다.

(3) 좋아하는 분야에서 혼자의 힘으로 성과를 냈듯이, 꿈을 이루는 것도 가능하다고 생각합니다. 1학년 미술시간에 다양한 재료로 '내가 살고 싶은 집' 만들기 수업을 했습니다. 어릴 때부터 조립하고 만드는 것에 관심이 많았던 저에게는 본인 있는 활동이었고, 저는 '가족과 함께 사는 집'으로 주제를 정했습니다. 가족과 함께 쉴 수 있는 공원과 놀이터를 구상했고, 가족끼리 모여 사는 주택 단지를 만들기로 했습니다. 부모님 댁을 가운데로 정하고, 동생 가족과 우리 가족의 집을 각각 양옆에 배치시켰습니다. 함께 생활하는 공간을 만들고 서로 도우면서 살아가는 모습을 상상했습니다. 선생님께서 반 전체의 작품을 심사하셨고, 제 작품이 1등이라고 말씀하셨습니다. 꼭 1등을 해야 한다고 생각한 것이 아니라 즐겁게 작품을 준비했기 때문에 결과를 듣고 정말 놀랐습니다. 좋아하는 분야에서 만족하는 성적을 냈던 것처럼 앞으로 하고 싶은 가정 경영의 꿈도 긍정적인 마음으로 노력한다면 이룰 수 있을 것이라고 생각합니다.

① 의미를 두고 노력했던 교내활동

본인의 생각과 느낌을 구체적으로 기술하는 것이 중요

② 배우고 느낀 점 (느낀 점을 조금 더 폭넓게 쓰는 것이 중요)

① 의미를 두고 노력했던 교내활동

② 배우고 느낀 점

[예시 03]은 본인의 ① 의미를 두고 노력했던 교내 활동과 ② 배우고 느낀 점에 대한 연관성이 부족하다. 더 심각한 부분은 노력했던 점과 배우고 느낀 점에 대한 사유가 정확하지 않다는 것이다. 자기소개서의 내용에 대한 자신만의 구체적이고 심도 있는 사유가 없으면 좋은 자기소개서를 쓰기 어렵다.

STEP 03 서류합격하기 - 자기소개서

2. 고등학교 재학 기간 중 본인이 ① 의미를 두고 노력했던 교내 활동을 ② 배우고
느낀 점을 중심으로 3개 이내로 기술해 주시기 바랍니다. (단, 교외 활동 중 학교장
의 허락을 받고 참여한 활동은 포함됩니다.) (1,500자 이내)

①
의미를
두고
노력했던
교내활동

②
배우고
느낀 점

(1) 영어인문 동아리 부반장인 저는 부원들과 함께 여러 신문의 국내 및 국제 시사기
사를 해석하고, 이에 대하여 국어나 영어로 토의를 했습니다. 많은 활동을 했지
만 가장 기억에 남는 활동은 세월호와 관련하여 공무원들의 부정부패에 관한 토
의를 한 것입니다. 부정부패의 심각성과 부패 척결 방안에 대해 의견을 나누었는
데, 저는 척결 방안으로 '내부 고발자 제도' 강화를 주장했습니다. '뿌리 깊은 부
패는 신고가 아니고서는 사실상 적발하기 힘들다'는 신문 기사를 보았기 때문입
니다. 토의가 끝난 후에 가장 좋은 척결 방안에 대하여 투표를 진행했는데, 제가
했던 주장이 가장 높은 표를 얻었고, 선생님께서도 많이 칭찬해주셨습니다. 우연
히 신문에서 봤던 것을 적용했을 뿐인데 제 주장에 동의를 하는 사람들이 많다는
것이 정말 뿌듯했고, 인정을 받은 것 같아 성취감도 있었습니다. 이러한 사회현
상이나 시사 문제를 정확히 안다면, 보다 많은 사람이 제 주장에 동의할 것 같다
는 생각이 들었습니다. 그래서 사회 현상과 관련하여 깊게 공부하는 학과가 무엇
인지 찾아보았고, 많은 학과 중 사회학과가 가장 적합하다는 결론을 내렸습니다.
이 일이 막연하게 생각했던 학과에 대하여 깊게 생각해보고, 사회학과에 대해 관
심 있게 인식하는 계기와 의사소통할 수 있는 기회가 되었습니다. 학교생활의 대
부분을 대학진학을 위해서 학업에만 몰두하는데, 동아리 활동을 통해서 의사소
통 방법과 시사에 눈을 뜰 수 있어서 더 값진 시간이었고, 인성적인 부분뿐만 아
니라 미래의 전공에 대해서도 배울 수 있는 좋은 시간이었습니다.

①
의미를
두고
노력했던
교내활동

(2) 고등학교 1학년 때 진로상담 선생님과 반 친구들과 함께 부산의 유명한 전통시
장인 진시장 이해하기라는 체험학습을 했습니다. 선생님께서는 시장 안에서 사
용할 수 있는 상품권을 일인 당 오천 원씩 주셨습니다. 저는 친구와 여러 가지

물건들을 샀는데, '어떻게 돈이 아닌 상품권으로 물건을 살 수 있는지', '상인들이 상품권을 어떻게 돈으로 바꾸는지'가 궁금했습니다. 이때 처음으로 사람들 간의 경제행위와 사회현상에 대해 호기심을 가졌던 것 같습니다. 또한 마트가 많이 들어서서 힘들어하시는 시장 상인분들을 보면서 '왜 이런 사회현상이 생겼을까?', 만약 내가 사회현상과 관련하여 전공하게 된다면 '이런 문제는 어떻게 해결해 나가야할까?'에 대하여 생각해보게 되었습니다. 그리고 전통시장의 부활을 꿈꾸며 노력하시는 상인분들을 보면서 노력하는 자세를 본받아야겠다고 생각했습니다. 이런 체험학습을 통해서 그냥 무심코 지나칠 수 있는 주변에 대해 다시 한 번 관심을 가지고 돌아볼 수 있었습니다.

②
배우고
느낀 점

[예시 04]는 학교생활기록부 콘텐츠 내용이 부족하다 보니 똑같은 이야기가 되풀이되고 있다. 그러나 [예시 04]의 칭찬할만한 내용은 작지만, 자기가 한 내용에 대해서는 나름의 활동 내용과 배우고 느낀 점과의 연관성과 사고, 인식의 아이덴티티를 가지고 있다는 것이다.

예시 05_ 행위의 구체성은 좋으나 느낌이 모호한 유형

2. 고등학교 재학 기간 중 본인이 ① 의미를 두고 노력했던 교내 활동을 ② 배우고 느낀 점을 중심으로 3개 이내로 기술해 주시기 바랍니다. (단, 교외 활동 중 학교장의 허락을 받고 참여한 활동은 포함됩니다.) (1,500자 이내)

(1) 내가 가진 재능과 역량을 나누는 삶을 지향해왔기에 ○○여고 재학 시절 ○○비전 단체의 학년 부장을 맡았고, 빈곤에 처한 세계의 아이들을 구제하고 싶어 시에라리온에 사는 한 소년을 돕기도 했습니다. 한 달에 두 번 이상 손편지에 '너는 혼자가 아니고 너는 사랑받기 위해 태어난 사람이야.'라고 적어서 그에게 전달하였고, 월드비전을 통해 금전적인 후원도 하면서 그와 적극 소통하였습니다. 또한 그에게 우리나라 문화를 알려주고 싶다는 생각이 들어서 한지를 이용

①
의미를
두고
노력했던
교내활동

구체적
행위
기술은
좋으나

해 직접 만든 인형을 그에게 선물했고, 저 멀리 아프리카에 문화를 전파하는 경험을 할 수 있었습니다. 이 경험을 통해 더 많은 사람들에게 우리 문화의 우수성을 알리고 싶다는 꿈을 품고 미국 유학을 결심하였습니다. 미국에서 지내면서 학교 선생님과 친구들에게 붓글씨로 한글을 적어서 만든 책갈피를 선물하여 우리 문자를 가르쳐 주었고, 같은 반 친구들에게 공기놀이를 가르쳐 주어 점심시간에 함께 공기놀이를 즐기며 친밀감을 쌓을 수 있었습니다. 공기놀이를 즐기는 저와 친구들을 본 다른 반 친구들이 관심을 보이며 함께 즐겼고, 우리 문화의 파급효과를 경험하는 계기가 되었습니다.

(2) 우리나라 전통 놀이에 큰 관심을 가진 친구들과 Culture Club에 가입하여 전통 놀이뿐 아니라 문화를 함께 나눌 수 있었습니다. 그러던 중 멕시코인 친구를 만나면서 스페인어 발음에 호기심을 가지게 되었고, 멕시코 문화에 대해 알고 싶어졌습니다. 방학 때 멕시코인의 삶을 체험해보기로 결심했고, 친구들과 함께 멕시코에 방문했습니다. 현대식 건축물보다 전통 방식의 건축물이 여전히 많이 남아있는 모습이 놀라웠고, 무엇보다 멕시코 음식들이 너무나 맛있어서 직접 전통음식을 만들어 보고 싶다는 생각이 들었습니다. 그래서 멕시코인 친구와 부모님의 도움을 받아 멕시코 전통 음식을 만들어 보게 되었습니다. 옥수수 가루와 전분을 이용해 반죽을 하고 닭고기를 넣어 삶아 만들다보니 우리나라의 부침개가 떠올랐습니다. 우리나라 음식을 접해보지 못한 그들에게 부침개를 맛보게 하고 싶다는 생각이 들어, 파와 부추를 사서 Tamales 반죽을 이용해 부침개를 만들었습니다. 그리하여 저와 멕시코 사람들은 서로 Tamales와 부침개라는 각자의 전통 음식을 함께 나눠 먹으며 문화를 공유하는 경험을 하였습니다.

(3) 미국 유학 생활 동안 현지 사람들과 소통하면서 세계 전통 문화에 대해 알게 되었고, 우리 문화에 대해 보다 더 많은 지식을 습득하여 세계인들에게 공유하고 싶다는 생각이 들었습니다. 그래서 한국에 돌아와 우리나라 역사 공부를 시작했습니다. 산과 사슴뿔을 형상화한 신라시대의 천마총 금관과 꽃, 구름, 학 무늬를 새긴 고려시대 청자를 보면서 이러한 문양을 의복에 새겨 넣어 의류 사업을 하면 좋겠다는 생각이 들었습니다. 그래서 과거 이상봉 디자이너가 드레스에 붓글씨로 한글과 수묵화를 새겨 선보였던 패션쇼 관련 기사들, 해외 디자이너가 우리나라의 전통 의상인 한복과 서양의 드레스를 접목시켜 제작한 의류 화보 또한

찾아보기도 했습니다. 저는 일본의 기모노나 중국의 치파오와 같은 전통 의상은 생활복장으로 대중화 되어있지만, 한복은 점점 잊혀 가고 있음이 안타까웠습니다. 그래서 친구들과 함께 한복을 입고 광화문 광장 거리를 활보하였고, 경복궁에 관광 온 외국인들과 기념사진을 촬영하며 한복의 미를 알렸습니다. 여기서 그치지 않고 의류기업을 이끌어 하나의 문화 스페이스를 구축하고, 세계인들과 문화라는 매개체를 통해 활발히 소통하겠다는 목표를 세웠습니다.

②
배우고
느낀 점

[예시 05]는 ① 의미를 두고 노력했던 교내 활동의 행위의 구체성은 좋으나 ② 배우고 느낀 점이 부족하다.

예시 06_ 밋밋하기는 하지만 진실한 마음과 느낀 점이 보이는 유형

2. 고등학교 재학 기간 중 본인이 ① 의미를 두고 노력했던 교내 활동을 ② 배우고 느낀 점을 중심으로 3개 이내로 기술해 주시기 바랍니다. (단, 교외 활동 중 학교장의 허락을 받고 참여한 활동은 포함됩니다.) (1,500자 이내)

(1) 저는 평소에 심리학에 대해 관심이 있어 학교상담실을 찾아가 상담선생님께 자문을 구하고 관련된 책들을 읽어왔습니다. 이를 통해 심리학에 대한 기초적인 지식의 습득과 상담의 중요성에 대해 인지하게 되었고, 심리치료 콘텐츠에 대한 탐구심이 생겼습니다. 그래서 인터넷, 번역서, 논문 등 다양한 매체를 통해 집단 상담프로그램 콘텐츠와 사례들에 대하여 조사를 했습니다. 이를 정리하여 학급 진로탐색 시간에 발표함으로써 친구들에게 낯선 심리학에 대해 보다 자세히 알려줌과 동시에 평소 중요시 해왔던 소통을 실천하고자 했습니다. 이는 심리학을 대중들에게 알리고, 소통하는 사회심리학자가 되는데 밑거름이 되는 경험이었습니다.

①
의미를
두고
노력했던
교내활동

②
배우고
느낀 점

(2) 중학교 진학 후, 같은 반 학우의 장난인 줄로만 알았던 행동이 폭력으로 확대되면서 정신적으로 고통을 많이 받았고, 친구의 도 넘은 괴롭힘이 고등학교까지

①
의미를
두고

	계속되어 결국 다른 학교로 전학을 가게 되었습니다. 저는 저와 비슷한 상황을
노력했던 교내활동	겪거나 남들에게 말하지 못하는 일 때문에 심리적으로 불안정한 아이들을 누구보다 잘 이해하고 있고, 그러한 아이들에게 도움을 주고 싶다는 생각이 들었습니다. 그래서 청소년연맹을 통하여 집단상담 프로그램 진행을 돕게 되었습니다. 집단 상담 프로그램은 크게 독서치료와 연극치료로 나누어서 진행되었는데, 내담자에 따라 영상을 골라서 틀어주는 등 보조업무를 했습니다. 아이들이
② 배우고 느낀 점	연극을 매개체로 상대방을 이해하거나, 본인의 억압된 감정을 표출하면서 문제점이 완화되어 서로간의 소통이 원활하게 이루어진다는 것을 깨닫게 되었습니다. 그래서 심리치료 콘텐츠를 통해 사회구성원 간의 원활한 소통을 돕겠다고 다짐하게 되었습니다. 이것을 생각으로 그치지 않고 먼저 친구들에게 관심을 두고 다가서며, 학교생활을 통해 적극적으로 친구들과 소통을 실천하고자 노력하였습니다. 불투명한 진로로 고민하던 친구와 대화를 나누고, 친구의 관심사와 관련 학과를 찾아줌으로써 단순히 고민을 나누는 것뿐만 아니라 근본적인 원인 해결이 될 수 있도록 노력하였습니다.

(3) 또한, 어릴 때 흡연을 시작해서 자기 의지로는 금연을 하지 못하는 친구가 있었습니다. 바른 생활부원으로 활동하면서 학급 내에서 금연 캠페인을 벌여 흡연하는 친구들과 마찰을 겪기도 했습니다. 하지만 이 문제를 공론화함으로써 흡연하지 않는 친구들의 권리를 일깨워주고 이를 주장하게끔 유도하여 흡연하는 친구들이 본인의 문제점을 자각하도록 노력했습니다. 저는 이런 경험을 토대로 흡연하는 행동이 문제가 된다는 것을 친구가 스스로 깨달을 수 있도록 도움을 주었고, 금연계획을 같이 수립하는 등 적극적으로 친구가 금연하는 데 도움을 주었습니다.

① 의미를 두고 노력했던 교내활동

② 배우고 느낀 점

[예시 06]은 자기소개서 2번 문항은 내용상 밋밋하지만, 학생의 진실한 마음과 느낀 점이 보이는 자기소개서이다. 학생의 순수하고 순진한 마음들이 느낀 점을 통해 잘 보이도록 구체적 행위(비교과 역량)를 도와주고 있다. 학생에게 맞는 개별화된, 특성화된 역량들로 구성하면 좋은 자기소개소가 된다.

🎓 자기소개서 2번 문항 쓰기 비법

자기소개서 2번 문항에는 먼저 교과 중심에서 탈피하여 고등학교 재학기간 중 전공역량을 넓히고 목표를 뚜렷이 해나가기 위해 노력했던 비교과 활동이나 전공역량과 관련된 경험 속에서 배우고 느낀 것들을 진솔하게 써나가는 것이 중요하다. 이때 중요한 것은 3개의 항목을 적절히 구성하고 이 항목들의 전체적인 연관성과 맥락을 고려하여 기술해야 보다 효과적으로 입학사정관들에게 본인의 노력을 피력할 수 있다.

또한, 학생들을 지도하다 보면 본인의 노력과 배우고 느낀 점 사이의 연관성이 모호하거나 연관성이 전혀 없는 내용을 기술해 놓은 학생들을 심심치 않게 볼 수 있다. 본인이 노력했던 경험과 그 경험 속에서 배우고 느낀 점과의 관계성 및 연관성을 잘 고려해서 서술하는 것이 중요하다.

입학사정관들이 2번 문항에서 평가하려는 것은 '학생이 교과 외 영역에서 본인의 꿈을 이루어나가기 위해 어떤 노력을 했고, 그 안에서 무엇을 얻었는지'이다. 예시를 보면 알 수 있듯이 대부분 학생은 본인이 했던 일들을 중심으로 기술하고 있다. 그러나 이러한 노력을 통해 느낀 것들을 구체적으로 기술하는 것이 더욱 중요하다. 앞으로 자기소개서 2번 문항을 작성할 때, 본인이 한 활동과 느낀 점의 연관성을 잘 생각하여 어떤 부분을 대학의 입학사정관들에게 보여줄지 고민하여 작성해야 한다. 또한, 수상경력, 자율 활동, 동아리활동, 진로활동, 세부능력 및 특기사항 등의 학교생활기록부 활동영역도 참고하여 자기소개서를 작성해야 한다.

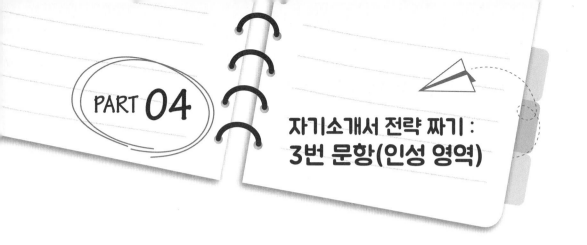

PART 04

자기소개서 전략 짜기 : 3번 문항(인성 영역)

> 66 학교생활 중 배려, 나눔, 협력, 갈등관리 등을
> 실천한 사례를 들고 그 과정을 통해 배우고 느낀 점을
> 기술해 주시기 바랍니다. 99

자기소개서 3번 문항은 수험생들의 인성 영역을 묻는 문항이다. 학생부종합전형은 본인의 능력을 타인과 함께 나누고 소통할 수 있는 인재를 선발하는 전형이므로, 아무리 본인의 능력이 뛰어나도 남들과 함께 소통하지 못하고 본인의 의견만 주장하거나 본인의 이익만을 추구하는 학생은 학생부종합전형에 어울리지 않는다. 자기소개서 3번 문항을 잘 작성하기 위해서는 그동안 학교생활을 하면서 본인의 꿈과 희망을 이루어가기 위해 다른 사람들과 겪었던 갈등, 함께 무언가를 이루기 위해 협력하고 배려했던 경험 등에 대하여 거짓 없이 구체적으로 작성하고, 그 과정에서 배우고 느낀 점들을 진솔하게 기술해야 한다.

3. 학교생활 중 ① 배려, 나눔, 협력, 갈등관리 등을 실천한 사례를 들고 그 과정을
   통해 ② 배우고 느낀 점을 기술해 주시기 바랍니다. (1,000자 이내)

고등학교 3학년이 되어 공부량이 많아지고, 학교에서 친구들과 함께 공부하는 시간이 늘어났습니다. 저는 영어와 사회 과목을 좋아하고, 이 과목들에 어느 정도 본인이 있었기 때문에 친구들이 모르는 부분을 물어보는 경우가 종종 있었습니다. 영어문법에 약한 친구가 어느 날, which appear actors에서 which가 왜 틀렸으며 어떻게 where가 되는지 물어봤습니다. 저는 그 친구에게 도움이 되고자 문법 개념서를 꺼내 관련된 부분과 여러 문법 파트를 읽어 나가면서 제가 아는 범위 내에서 이해하기 쉽게 가르쳐 주려고 했습니다. 그랬더니 친구는 '도저히 네 설명은 못 알아듣겠다'며 '요점만 알고 싶어서 물어봤는데 이론만 가르친다'고 오히려 화를 냈습니다. 그 당시에는 저도 같이 언성을 높여 다투었습니다. 집에 와서 곰곰이 생각을 해보니 2002년 월드컵 이전에는 우리나라 국가대표팀이 축구를 못했지만, 팀을 잘 이끄는 히딩크 감독에 의해 4강에 진출한 것처럼 가르치는 사람에 따라 팀원들의 능력이 달라진다는 생각이 들었습니다. 이와 같이 이 문제도 친구의 문제가 아니라 잘 가르치지 못하는 나의 잘못이 아닌가 하는 생각이 들었습니다. 그래서 다음 날 학교에 가서 친구에게 사과하고 친구가 궁금해 했던 부분만 마인드맵을 통해서 가르쳐 줬습니다. 그러자 친구도 저한테 사과하고, 그 부분을 확실하게 알게 됐다며 고맙다고 말했고, 정말 뿌듯했습니다. 이번 일을 계기로 문제를 해결할 때는 그 문제의 핵심이 무엇인지 빠르게 판단해야 한다는 것과 상대방의 입장이 되어 상대방이 원하는 것이 무엇인지 먼저 배려해야 한다는 것을 깨달았습니다. 또한, 고등학생 신분으로서 큰 것을 나눌 수는 없지만 이렇게 제가 가지고 있는 능력이 다른 이들에게 작게나마 도움이 될 수 있다는 것을 느꼈습니다. 나눔과 배려는 정말 작은 것에서부터 시작한다는 것과 저부터 이를 실천해야겠다고 많이 느꼈습니다.

①
배려, 나눔,
협력, 갈등
관리 등을
실천한
사례

②
배우고
느낀 점

STEP 03 서류합격하기 - 자기소개서

[예시 01]은 실제 ① 배려, 나눔, 협력, 관리 등의 실천 사례에서 동떨어진 진실성이 없는 경우이다. 실제 누군가를 가르치는 봉사를 많이 한 학생이라면 ② 과정을 통해 배우고 느낀 점을 논리의 비약이나 느낀 점이 장황하지 않도록 해야 하고, 자기중심적이 되어서도 안 된다. 자기소개서 3번 문항은 본인의 행동을 진실된 행동과 사유를 통해 개선해 나가는 것이 중요하다.

예시 02_ 콘텐츠와 구성력이 다소 부족한 요목조목 서술형

3. 학교생활 중 ① 배려, 나눔, 협력, 갈등관리 등을 실천한 사례를 들고 그 과정을 통해 ② 배우고 느낀 점을 기술해 주시기 바랍니다. (1,000자 이내)

①
배려, 나눔, 협력, 갈등 관리 등을 실천한 사례

저는 1학년 때, 친구들과 가까워질 수 있는 계기가 될 것으로 생각하여 합창단에 들어갔습니다. 대부분의 친구는 합창에서 본인의 목소리가 두드러지길 바라 테너를 희망하였고, 그 결과 알토 부분을 맡을 사람이 부족하게 되었습니다. 저 또한 제 목소리를 부각하고 싶었지만, 급우들의 생각을 존중하고 배려하여 조화를 이루는

②
배우고 느낀 점 (배려)

태도가 중요하다는 생각이 들었기 때문에 알토를 맡기로 했습니다. 이러한 경험은 상대방과 수월하게 의사소통할 수 있는 능력을 기르는 데 도움이 되었고, 후에 대중과 원활하게 소통하는 사회심리학자가 되는 기반을 마련하는 계기가 되었다고 생각합니다.

①
배려, 나눔, 협력, 갈등 관리 등을 실천한 사례

또한, 바른 생활부원으로 활동하면서 학급환경을 개선하기 위해서 금연에 도움이 될 수 있는 사탕과 껌들을 비치하는 등 금연캠페인을 진행했으나, 이로 인해 흡연하는 친구들과 갈등을 겪었습니다. 이를 해결하기 위해 흡연 문제를 공론화하고,

②
배우고 느낀 점 (갈등)

학급 내 비흡연자들이 본인의 의견을 주장하게끔 유도하여 권리를 일깨워 주었습니다. 이런 과정을 통해 집단 내의 문제는 상호 간에 의사소통이 잘 이루어지면 대부분 해결될 수 있다는 것을 깨닫게 되었습니다.

①
배려, 나눔, 협력, 갈등 관리 등을 실천한 사례

2학년 여름방학 때, ○○ 어린이집에서 봉사활동을 하면서 어린이집에서 생활하는 아이들을 잠시나마 만날 기회가 있었습니다. 처음에는 아이들이 좀처럼 저에게

마음의 문을 열지 않았습니다. 이러한 아이들의 반응에 좌절했고 심지어 고통스럽기도 하였지만, 상대방을 이해하고 소통하는 것이 저의 모토이기 때문에, 이러한 경험이 가치 없었다고 생각하지는 않습니다. 봉사활동을 통해 사람들과 나눈다는 것이 얼마나 가치 있는가를 깨달을 수 있었습니다.

② 배우고 느낀 점

[예시 02]는 ①의 배려, 나눔, 협력, 관리 내용을 다 집어넣으려고 했으나 콘텐츠와 구성력의 부족으로 차라리 한 내용을 심도 있게 쓴 것보다 못하다. 본인의 전공 역량 중 배려, 나눔, 협력, 관리 예시 중에서 가장 중요하거나 모든 면을 아우를 수 있는 가장 중요한 주제(테마)를 잡아 조금 더 심도 있게 구체적으로 시술하는 것이 합격 포인트이다.

예시 03_ 사례 모호형

3. 학교생활 중 ① 배려, 나눔, 협력, 갈등관리 등을 실천한 사례를 들고 그 과정을 통해 ② 배우고 느낀 점을 기술해 주시기 바랍니다. (1,000자 이내)

더 많은 사람과 소통을 하고 우리 문화를 알리고 싶다는 목표를 가지고 떠났던 저는 아버지의 사업이 어려워지며 경제적인 여건 때문에 한국에 돌아오게 되었습니다. 잠시 상실감에 휩싸였지만, 우리 문화를 세계에 널리 알리고 싶다는 저의 간절한 꿈을 접기에는 아직 이르다고 생각하여 다시 우리 문화를 제대로 배우고 익혀 보겠다는 결심을 했습니다. 그리하여 1년간 강원도에서 열리는 한지 문화 축제에 참가해 직접 닥나무 껍질로 된 풀물을 발을 이용해 걸러서 한지를 제작하는 방법을 배웠고, 그것을 관광 온 아이들이 쉽게 배울 수 있게 가르쳐 주었습니다. 그리고 국악 공연 축제에 참가해 연주자에게 장구를 연주하는 방법을 배웠고, 축제 내 체험 무대에서 연주자들과 함께 사물놀이 공연을 하며 우리 악기를 접할 수 있었습니다. 축제 기간에 만난 안전요원을 통해 문화체육관광부에서 발행하는 간행물을 접하면서 '예술', '스포츠', '관광' 등 여러 분야의 전문인들과 단체들에 대해 알

① 배려, 나눔, 협력, 갈등 관리 등을 실천한 사례

② 배우고 느낀 점

게 되었고, 어떻게 하면 세계인들이 우리 문화를 보다 자연스럽게 받아들일 수 있을까에 대해 고민해보았습니다. 고민 끝에 저는 우리 문화를 의복에 녹여낸 상품을 개발하고 판매하고 싶다는 꿈을 가지게 되었습니다. 꿈을 구체화하기 위해 직접 구름과 바람, 그리고 꽃이라는 전통 기호를 새긴 의복을 제작하기로 결심했고, 건설업에 종사하시는 아버지와 함께 전통 양식을 고려한 건물의 공사 현장에 가서 직접 소나무와 같은 전통 자재를 만져보고 전통 무늬를 활용하여 가공한 모습을 보았던 경험을 살려 전통 무늬가 새겨진 의복 시안을 완성해보았습니다. 그 후 동대문 시장에 방문하여 상인들에게 의복 시안을 제공하였고, 그들이 제가 디자인한 의복을 생산해 판매한다면 좀 더 많은 사람에게 우리 문화를 알리고자 하는 저의 마음이 전달될 것이라고 확신했습니다. 경영학과에 진학하여 전문적인 경영방법을 배우고, 한국 문화의 기호학적인 성질을 활용한 세계적인 문화 콘텐츠를 만들어 문화 교류를 돕는 역할을 하는 경영인이 되고 싶습니다.

②
배우고
느낀 점

[예시 03]은 ② 배우고 느낀 점에 비해 ① 구체적 사례 기술이 부족하다. 자기소개서의 행위를 느끼고 배운점은 구체화시키는 사실(팩트)의 내용을 근거로 정확하게 기술하는 것이 필요하다.

예시 04_ 느낀 점 없는 행위 나열형

3. 학교생활 중 ① 배려, 나눔, 협력, 갈등관리 등을 실천한 사례를 들고 그 과정을 통해 ② 배우고 느낀 점을 기술해 주시기 바랍니다. (1,000자 이내)

①
배려, 나눔,
협력, 갈등
관리 등을
실천한
사례

제가 ○○시 ○○위원회에 부위원장으로 있었을 때 항상 생각했던 의제가 **청소년 진로교육 확대**였는데, 실제로 그 사업을 직접 운영할 기회가 있었습니다. 그래서 **관내 15개 고등학교를 대상으로 모의국회를 주최했고, 지금까지의 경험들을 아낌없이 나눌 수 있었습니다.** 또한, 항상 주장해오던 교육 사업이 실제로 적용되어 또래 아이들에게 더 다양한 교육의 기회를 줄 수 있어서 행복했습니다.

그리고 평소 북한 인권에 관심이 많아서 도움을 줄 수 있는 비영리단체들을 찾아 다니다가 ○○연대 대표님과 인연이 되었습니다. 북한 인권활동에 대한 서로의 아이디어를 공유하기도 하며 '통일로 통하다' 서포터즈로 함께 활동했습니다. 10일 동안 서포터즈로 활동하며 대학생들과 북한 인권에 대한 각자의 생각과 비전에 대해 이야기를 나눴고, 함께 플래시 몹 연습을 하며 협동심을 키웠습니다. 그리고 사진전을 열어 북한 인권에 대한 시민들의 관심을 촉구하고, 청소년과 대학생이 함께 다시 쓴 북한에 대한 교과서를 학생들에게 나눠주었습니다. 그 자리에서 북한 음식인 옥수수떡을 만들어 사람들과 함께 나눠 먹고, 플래시 몹을 하면서 탈북자 인권에 대하여 소통하는 값진 시간도 가졌습니다.

① 배려, 나눔, 협력, 갈등 관리 등을 실천한 사례

제가 전교부회장이었을 때 학교 교칙으로 인해 학생들과 학교 간의 마찰이 있었습니다. 현행 교칙에는 탈색을 제외한 염색과 파마를 허용한다는 내용이 있음에도 불구하고, 아침에 많은 친구가 머리를 염색했다는 이유로 벌점을 받았고 저에게 와서 불만을 토로했던 것입니다. 전교부회장이 학생들을 대표하는 자리이기도 하지만, 학교를 위해서 일하는 자리이기도 하기에 일방적으로 친구들 편을 들기보다는 객관적인 입장을 취했습니다. 학교 측에는 현행교칙을 엄수해 줄 것을 요청했고, 친구들에게는 전체를 위해서 지나친 염색이나 파마는 자제해 달라고 부탁한 후, 학생부와 학생 간의 갈등이 사라질 수 있었습니다.

① 배려, 나눔, 협력, 갈등 관리 등을 실천한 사례

STEP 03 서툴안것하기 - 자기소개서

① 행위의 나열은 있지만, ② 그 행위를 통해 배우고 느낀 점이 부족하다. 자기소개서 3번 문항에서 입학사정관이 우리 학생들에서 알고 싶어하는 부분은 학생들이 배려, 나눔, 협력, 관리의 행위를 통해 어떻게 꿈과 희망을 찾아가고 있으며, 그 과정들을 어떻게 구체적으로 객관화하고 있는지, 그리고 그 과정을 통해 어떤 변화가 있는지에 관해서이다.

3. 학교생활 중 ① 배려, 나눔, 협력, 갈등관리 등을 실천한 사례를 들고 그 과정을 통해 ② 배우고 느낀 점을 기술해 주시기 바랍니다. (1,000자 이내)

① 배려, 나눔, 협력, 갈등 관리 등을 실천한 사례

고등학교 2학년 때, 제주도로 떠난 수학여행에서 평소 친하게 지내던 친구 두 명이 심하게 다퉜습니다. 감정이 격앙된 상태에서는 이성적으로 대화를 나누는 것이 불가능하다고 판단했기에 한 명씩 격리시켜 놓았습니다. 그렇게 기다리다보니 친구 한 명이 조금 진정이 되었는지 먼저 방에서 나왔고, 그 친구에게 먼저 사과하라고 설득을 했습니다. 설득할 때도 최대한 그 친구의 감정이 상하지 않게 '너희 둘은 평소 그렇게 친했는데, 사소한 걸로 이렇게까지 싸울 만큼 너희 우정이 가볍진 않을 거다.'라고 말하며, 먼저 가서 멋진 모습을 보여 달라는 부탁을 했습니다. 그 친구는 흔쾌히 제안을 받아들이고는 다른 친구의 방으로 향했고, 그 두 친구가 보다 수월하게 화해하도록 돕기 위해 친구들을 데리고 그 친구 뒤를 따랐습니다. 그리고 다 같이 친구가 사과하는 모습을 지켜보았습니다.

② 배우고 느낀 점

계속 방에 있던 친구는 본인도 미안하다며 그 친구의 사과를 받아 주었고, 함께 게임을 해서 둘의 관계를 더 풀어 주려고 노력했습니다. 오히려 그 일이 있은 후 전보다 좋은 관계로 지내고 있는 것 같아 뿌듯했습니다. 평소 남자들은 사람들이 많이 지켜보고 있는 상태에서 본인의 감정이 격해지면, 더 난폭한 행동을 하는 경우가 많다고 생각했었습니다. 그러나 이번 일을 통해 그와 반대로 사람들이 많이 지켜보고 있는 상황에서 본인에게 훈훈한 분위기가 연출되면 더 멋진 모습을 보여주려고 하기 때문에 격했던 감정도 수월하게 진정시킬 수 있다는 것을 알게 되었습니다. 물론 모두가 다 그런 것은 아니겠지만, 이번 일을 계기로 친구 사이의 갈등을 해결하는 좋은 방법을 배울 수 있었고, 두 친구가 더 좋은 관계를 가질 수 있게 된 것 같아 굉장히 뿌듯했습니다.

[예시 05]는 ① 행위의 구체성은 선명하게 보이지만, 한 가지 단조로운 사례만을 통해 자기 생각을 주관적으로 기술하는 단점을 보인다. 자기소개서 3번 문항은 학교생활 중의 배려, 나눔, 협력, 관리를 통해 실현된 사례를 들고, 그 과정 가운데 배우고 느낀 점을 기술하는 것이다.

🎓 자기소개서 3번 문항 쓰기 비법

자기소개서 3번 문항은 어떻게 해야 잘 쓸 수 있을까? 예시를 보면 대부분의 학생에게서 경험의 부재가 느껴지고, 그러다 보니 배우고 느낀 점들이 진솔하지 않고 다소 억지스럽다. 3번 문항은 학생들의 인성역량과 갈등관리 능력 또 리더십과 봉사정신 등을 묻는 문항이다. 현장에서 10년 넘게 학생부종합전형 입시를 지도하면서, 해가 지날수록 가장 아쉽게 느껴지는 부분이 바로 학생들의 인성역량이다. 서울권 대학에서는 학생부종합전형을 통해 전공역량과 인성역량을 골고루 평가하여 학생들의 발전 가능성을 보고 선발한다. 복잡하고 상호융합적인 시대에 본인만 아는 샛님들은 더 이상 리더로서 그 가치가 없으므로, 소통과 리더십 능력을 갖춘 학생들을 선발하는 것이다. 전공역량이 모자라고 비교과 능력이 부족하면, 학생의 노력에 따라 얼마든지 선생님들이 학생부종합전형 입시를 도울 수 있겠지만, 인성영역의 기본 틀이 갖춰져 있지 않은 학생들이 그저 성적이 나빠서 학생부종합전형으로 서울권 대학에 가기 위해 이 전형을 준비한다면 도움을 줄 수 있는 부분이 없다. 학생부종합전형을 준비하는 학생들은 전공역량을 쌓고 만들어 가는 것만큼이나 진정한 미래 리더로서의 인성역량을 만들어 가는 것이 중요하다는 것을 꼭 명심하기 바란다.

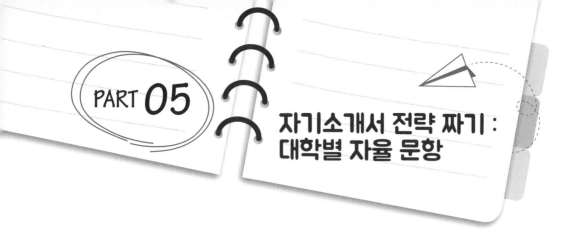

PART 05

자기소개서 전략 짜기 :
대학별 자율 문항

 서울대학교

[학생부종합전형 : 수시 일반전형]

4. 고등학교 재학 기간(또는 최근 3년간) 읽었던 책 중 본인에게 가장 큰 영향을 준 책을 3권
   이내로 선정하고 그 이유를 기술하여 주십시오.

   ▶ '선정 이유'는 각 도서별로 띄어쓰기를 포함하여 500자 이내로 작성

   ▶ '선정 이유'는 단순한 내용 요약이나 감상이 아니라, 읽게 된 계기, 책에 대한 평가, 본
     인에게 준 영향을 중심으로 기술

	선정 도서	선정 이유
도 서 명		
저자/역자		
출 판 사		

선정 도서		선정 이유
도 서 명		
저자/역자		
출 판 사		
도 서 명		
저자/역자		
출 판 사		

 연세대학교(2017학년도)

[학생부종합전형(학교활동우수자), 고른기회특별전형]

4. 해당 모집단위에 지원하게 된 동기와 이를 준비하기 위해 노력한 과정이나 지원자의 교육환경(가정, 학교, 지역 등)이 성장에 미친 영향 등을 경험을 바탕으로 구체적으로 기술하시오.

☞ 1,500자 이내로 기술하여 주십시오.

[특기자전형 : 인문학인재계열 · 사회과학인재계열 · 과학공학인재계열, IT명품인재계열, 국제계열(글로벌인재학부), 예체능특기자전형(체능)]

1. 고등학교 재학 중(검정고시 합격자는 합격일로부터 과거 3년 이내) 특기자로서 본인의 역량을 가장 잘 나타내는 성취를 중요하다고 생각하는 순서대로 최대 3개까지 작성하여 주십시오. 또한 각각의 특기역량에 대해서 경험적 사례를 들어 성취 과정 및 의미를 기술하여 주십시오.

우선 순위	특기역량								성취 과정 및 의미 기술
1	☞ 50자 이내로 기술하여 주십시오.								☞ 1,000자 이내로 기술하여 주십시오.
	시기	1학년		2학년		3학년			
		1	2	1	2	1	2		
		☐	☐	☐	☐	☐	☐		
2	☞ 50자 이내로 기술하여 주십시오.								☞ 1,000자 이내로 기술하여 주십시오.
	시기	1학년		2학년		3학년			
		1	2	1	2	1	2		
		☐	☐	☐	☐	☐	☐		
3	☞ 50자 이내로 기술하여 주십시오.								☞ 500자 이내로 기술하여 주십시오.
	시기	1학년		2학년		3학년			
		1	2	1	2	1	2		
		☐	☐	☐	☐	☐	☐		

2. '고등학교 재학 중(검정고시 합격자는 합격일로부터 과거 3년 이내) 진로선택을 위해 노력한 과정을 바탕으로 지원학과 선택의 계기를 설명하고, 연세대학교 입학 후 자신의 진로를 발전시키기 위한 계획을 기술하여 주십시오.

☞ 1,000자 이내로 기술하여 주십시오.

3. 다음 두 질문 중 하나를 선택하여 □ 안에 ∨표를 한 후 작성하여 주십시오.

□	지원자의 개인적 환경(가정, 학교, 지역, 국가 등)에 대해 설명하고, 그 환경적 특성이 지원자 자신의 삶에 미친 영향을 경험적 사례를 들어 구체적으로 기술하여 주십시오.
□	지원자의 삶에서 경험했던 가장 큰 위기와 좌절 상황이 무엇이었는지 설명하고, 그것을 극복하는 과정에서 새롭게 발견한 자신의 가치에 대해 경험적 사례를 들어 구체적으로 기술하여 주십시오.

☞ 1,000자 이내로 기술하여 주십시오.

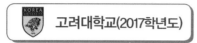 **고려대학교(2017학년도)**

[학교장추천전형, 융합형인재전형, 기회균등특별전형]

4. 해당 모집단위 지원 동기를 포함하여 고려대학교가 지원자를 선발해야 하는 이유를 기술해 주시기 바랍니다.

(1,000자 이내)

 경희대학교(2017학년도)

[학생부종합전형]

4. 지원자의 교육 환경(가정, 학교, 지역 등)이 성장과정에 미친 영향과 지원학과에 지원한 동기, 입학 후 학업(진로) 계획에 대해 기술하세요.

(1,500자 이내)

서강대학교(2017학년도)

[학생부종합, 알바트로스특기자, 고른기회, 사회통합]

4. 지원전공을 선택한 이유와 대학 입학 후 학업 또는 진로계획에 대해 기술하기 바랍니다.

> 1,000자 이내(띄어쓰기 및 문장부호 포함)

 성균관대학교(2017학년도)

4. 다음 중 하나를 선택하여 기술해 주시기 바랍니다(1,000자 이내).

- ○ 본인의 성장환경 및 경험이 본인에게 미친 영향

- ○ 지원동기 및 진로를 위해 노력한 부분

- ○ 본인에게 영향을 미친 유·무형의 콘텐츠(인물, 책, 영화, 음악, 사진, 공연 등)

> ☞ 1,000자 이내(띄어쓰기 및 문장부호 포함)

 **중앙대학교(2017학년도)**

[학생부종합전형(다빈치인재형, 탐구형인재, 사회통합(만학도 제외))]

4. 해당 모집단위에 지원하게 된 동기와 이를 준비하기 위해 노력한 과정이나 지원자의 교육 환경(가정, 학교, 지역 등)이 성장에 미친 영향 등을 경험을 바탕으로 구체적으로 기술해주시기 바랍니다.

(1,500자 이내)

숙명여자대학교(2016학년도)

4. 지원동기와 지원분야의 진로계획을 적고, 이를 위해 어떠한 노력과 준비를 해 왔는지 기술해 주시기 바랍니다. 단, 진로계획을 위한 노력과 준비는 교내 활동을 중심으로 작성하며, 교외 활동 중 학교장의 허락을 받고 참여한 활동은 작성 가능합니다.

1,000자 이내(띄어쓰기 포함)

[글로벌인재전형]

1. 고등학교 입학 이후 해당 분야 외국어특기자로서 본인의 외국어 능력 또는 글로벌 소양을 가장 잘 보여주는 활동에 대해서 배우고 느낀 점을 중심으로 3개 이내로 기술해 주시기 바랍니다.

> (띄어쓰기 포함 1,500자 이내)

2. 지원동기와 지원분야의 진로계획을 적고, 이를 위해 어떠한 노력과 준비를 해 왔는지 기술해 주시기 바랍니다.

> (띄어쓰기 포함 1,000자 이내)

3. 다음 중 한 가지 주제를 선택하고 해당 내용을 구체적으로 기술해 주시기 바랍니다(띄어쓰기 포함 1,000자 이내).

> ☐ 배려, 나눔, 협력, 갈등관리 등을 실천한 사례 및 느낀 점
> ☐ 리더십을 발휘한 경험 또는 주도적으로 주변의 변화를 이끌어 낸 사례
> ☐ 성장과정이나 가정환경이 자신의 삶에 미친 영향

 **국민대학교**

[국민프런티어, 학교생활우수자, 주민지역인재, 국가보훈대상자 및 사회적 배려 대상자, 농어촌학생, 기회균등, 특성화고 등등 졸업한 재직자, 단원고 특별전형]

4. 전공 지원동기와 고등학교 재학 기간 중 지원 분야의 진로탐색을 위해 도전한 경험에 대해 기술해 주시기 바랍니다(1,000자 이내).

(1,000자 이내)

 **명지대학교**

[학생부 위주(종합) 전형]

4. 지원동기와 입학 후 학업계획 및 대학 졸업 후 인생목표에 대하여 기술해 주시기 바랍니다.

(띄어쓰기 포함하여 1,000자 이내)

숙명여자대학교(2016학년도)

4. 지원학과와 관련하여 본인이 가지고 있는 학업능력이나 끼(재능), 관심, 열정 등에 대하여 기술해 주시기 바랍니다(1,000자 이내).

(1,000자 이내)

STEP 03 서류합격하기 - 자기소개서

 서울여자대학교   건국대학교   동덕여자대학교

 상명대학교   이화여자대학교

기타 강남대, 성공회대, 한경대, 한신대 등

※ 자기소개서 없음.

학생부종합전형
합격면접비법

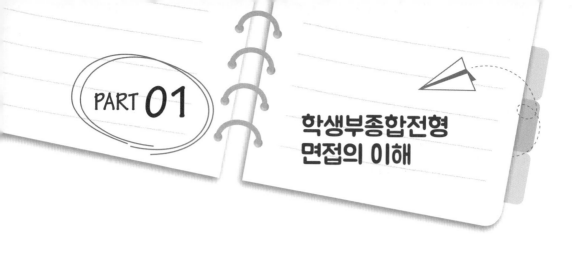

PART 01

학생부종합전형 면접의 이해

학생부종합전형 면접이란 무엇인가? 내게 상담을 해오는 학부모와 학생 중에는 학생부교과전형 면접과 학생부종합전형 면접이 헷갈리는 분들이 간혹 있다. 학생부종합전형 면접은 학생부교과전형 면접처럼 텍스트를 분석하고 그 내용을 이야기하는 면접과는 거리가 있다. 학생부종합전형 면접은 학생들이 제출한 1단계 서류 안에 물어볼 문제가 모두 들어 있다고 해도 과언이 아닐 만큼 철저하게 1단계 서류를 바탕으로 진행된다.

🎓 학생부종합전형 면접에서 묻고자 하는 것은 무엇일까?

학생부종합전형에서 면접관들이 학생들에게 물어보고 싶은 것은 다음과 같은 것이다.

1. **학교생활의 태도와 성취도.** 면접관들은 여러분이 어떻게 학교생활을 해왔는지, 전공 적합성에 따른 교과목을 어떻게 공부해왔고, 그 과정에서 여러분들이 느낀 것들은 무엇인지 진지하게 질문한다.

2. **전공영역에 대한 관심사.** 이때 면접관들은 뚜렷한 전공 관련 목표가 있는지, 그 목표와 비전을 향해 어떻게 달려왔는지를 묻는다.

3. **인성과 소통 능력.** 학생부종합전형은 앞에서 누누이 얘기한 것처럼 인성과 리더십을 갖춘 학생들을 선발하는 전형이므로 학생들은 이 점들을 유의하여 학생부종합전형 면접 준비를 해나가야 한다.

🎓 항목별 학생부종합전형 면접문제

1 일반유형

질문 ❶ 우리 과에 오기 위해 준비한 내용은 무엇인가? 또 본인의 꿈을 이루기 위해 우리 대학에서 앞으로 어떤 일들을 할 것인가?

질문 ❷ 장래 희망에 대해 구체적으로 말해보시오.

> **권현 선생님의 Tip**
>
> 학교생활기록부에 기재된 진로희망에 대하여 구체적인 의미와 이유를 잘 정리하는 것이 항목별 합격면접 대비 방법이다.

② 창의적 체험활동 영역 중 자율활동 면접유형

질문 ❶ 학교에 대한 본인의 생각을 말해보시오.

질문 ❷ 2년 내내 교내 바른생활 부장을 해왔는데 이때 경험한 구체적인 사례와 그 과 정에서 느낀 것을 말해보시오.

③ 창의적 체험활동 영역 중 동아리활동 면접유형

질문 ❶ 교내 축제에 과학동아리 부장으로 참가했는데 무슨 일을 했었고, 구체적으로 축제 활동을 통해 무엇을 느꼈나 말해보시오.

질문 ❷ 동아리를 만든 이유와 과정을 말해보시오.

④ 창의적 체험활동 영역 중 봉사활동 면접유형

질문 ❶ 요양원 봉사를 한 이유와 구체적으로 한 봉사활동이 무엇인지 또 그 과정에서 본인이 느낀 것은 무엇인지 말해보시오.

질문 ❷ 봉사 시간이 다른 학생들보다 많은데 봉사 시간이 왜 중요하다고 생각하는가?

⑤ 창의적 체험활동 영역 중 진로활동 면접유형

질문 ❶ 생활기록부에 장래희망이 교사라고 적혀 있는데, 3학년 때 갑자기 장래희망을 바꾼 이유와 본인의 꿈을 이루기 위해 한 활동들을 자세히 말해보시오.

질문 ❷ 우리 학과에 들어온다면 무엇을 하고 싶은지 말해보시오.

⑥ 창의적 체험활동 영역 중 교과학습발달상황 면접유형

질문 ❶ 교과목 중 가장 좋아하는 과목과 그 이유에 관해 설명하고, 수학성적이 왜 낮 게 나왔는지 말해보시오.

질문 ❷ 3학년 1학기 때 갑자기 영어 성적이 올랐는데, 성적이 오른 이유와 본인만의 영어 학습방법을 말해보시오.

7 창의적 체험활동 영역 중 독서활동 면접유형

질문 ① 장래희망이 의사인데 주로 인문학책을 읽은 이유와 가장 최근에 읽은 「군중행동」에 대해 말해보시오.

질문 ② 진로 때문에 힘든 친구나 동료에게 본인이 읽은 책 중에서 한 권을 추천해 준다면 어떤 책을 추천해 주고 싶고, 그 이유는 무엇인가?

🎓 학생부종합전형 면접유형

학생부종합전형에서는 대학의 입학사정관들이 교과 영역과 비교과 영역을 정성적으로 평가하여 교과 30% + 비교과 70% 이상 학생의 자기소개서, 교사추천서 등을 바탕으로 평가하는 면접을 가장 많이 선호하는 편이다.

1 다대일 면접 유형

2~3명의 면접관이 집중적으로 학생 한 명과 면접을 진행하는 방식이다. 인성영역의 질문을 맡은 면접관, 전공역량의 질문을 맡은 면접관, 착한 유형의 캐릭터를 맡은 면접관, 압박질문을 하는 유형의 면접관 등 면접관마다 스타일이 있으므로 어떤 한 명의 면접관으로부터 집중적으로 질문을 받아도 떨지 않고 면접관들이 말하는 요지를 잘 파악하여 답변하는 능력을 기르는 것이 중요하다.

2 다대다 면접 유형

면접관 3~4명이 똑같은 수의 지원자들과 면접을 진행하는 방식이다. 다대일 면접과는

달리 경쟁 수험생들에 의해 면접 분위기가 크게 달라지므로 면접관 혹은 경쟁 수험생들의
분위기에 휩쓸리지 않게 유의해야 하며, 분위기 조절 능력을 기르는 것이 중요하다.

❸ 집단 토론 면접

예전에 많이 하던 면접 유형으로 건국대학교의 1박 2일 면접이 유명하다. 지금은 교육
대학과 사범대학 위주로 진행되고 있으며, 수험생의 리더십, 발표력, 논리력, 표현력 등을 평
가하므로 학생들은 리더십, 논리력, 여러 사람과의 소통 능력을 기르기 위해 노력해야 한다.

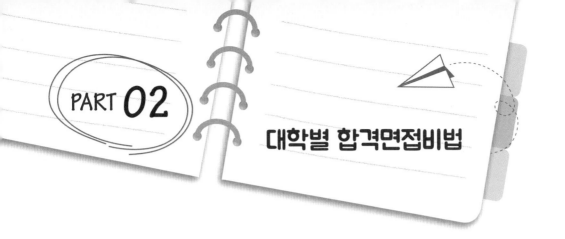

PART 02

대학별 합격면접비법

 서울대학교

서울대학교는 수시입학전형 중 일반전형이 학생부종합전형이다. 서울대학교의 학생부 종합전형의 지향하는 가치는 '세계사적 소명을 실천하는 창의적 지식 공동체'이며, 우수한 학업능력과 적극적인 학업태도를 지닌 학생을 선발한다.

[일반전형]

전형방법 1단계 : 서류평가 100% (학교생활기록부, 자기소개서, 추천서, 학교소개자료) 2배
　　　　　　수 선발

　　　　　2단계 : 1단계 성적 50% + 면접 50%

평가기준 서울대학교에서 시행하는 면접은 크게 제출서류를 기반으로 기본적인 학업
　　　　　소양을 확인하는 면접(지역균형, 기회균형)과 제시문을 활용하여 전공적성
　　　　　및 학업능력을 평가하는 제시문 활용 면접(수시모집 일반전형)이 있다. 제시
　　　　　문 활용 면접은 고등학교의 정규 교육과정 범위 안에서 출제되며, 충분한 학

습 경험을 통해 학업역량을 길러온 학생들의 학업소양을 평가한다.

면접평가 **서류 기반 면접(지역균형, 기회균형)** : 면접 및 구술고사 대상자, 복수의 면접

위원, 10분 내외 발표

제시문 활용 면접(일반전형) : 면접 및 구술고사 대상자

제시문과 그에 따른 문항 제공 30분/45분 준비,

15분 발표

※ 제시문과 문항은 고등학교 정규 교육과정 범위 안에서 출제

◀ 서울대학교 일반전형(2015년도) 면접기출문제 - 공통질문

제시문 [인문학]

'빈말의 용례'를 토대로 빈말과 거짓말의 본질적인 차이점을 설명하고, 거짓말도 빈말도 아니면서 듣는 이를 오도하는 말의 사례를 제시하시오.

제시문 [사회과학]

'영어 제시문'의 밑줄 친 부분과 같은 관점에서 '투표율 그래프'의 자료를 보고 추론할 수 있는 내용을 설명하시오.

제시문 [수학]

동전을 N번 던질 때 나올 수 있는 모든 경우의 수를 구하시오.

제시문 [물리]

도체 막대가 어느 순간 x의 위치에 Vx 속도로 움직일 때, 도체 막대에 작용하는 알짜힘은 다음과 같이 주어짐을 설명하시오.

제시문 [생명과학]

일반적으로 동물세포는 식물세포와 달리 빛 에너지를 화학에너지 형태인 ATP로 전환하여 사용할 수 없다. 그 이유를 설명하시오.

❷ 서울대학교 일반전형(2015년) 면접문제(인문학)

【제시문】

긍정적 사고는 성공이 선한 사람에게 주어지는 보상이고, 실패가 구조적인 조건이 아니라 나쁜 태도의 결과라고 믿고 싶은 욕망에서 비롯되는 집단적인 환상이다. 우리 사회에서 긍정적 사고는 종종 부(富)를 획득하고 성공을 이루며 질병을 극복하는 비결로 제시된다. 우리는 인종, 계급, 성차(性差) 같은 불평등한 조건이 아니라 개인의 태도가 성공을 이끌어낸다고 믿고 싶어 한다. 낙관주의가 물질적인 성공의 열쇠이고 긍정적 사고를 통해서 낙관적인 태도를 기를 수 있다면 실패에 대한 변명은 있을 수 없다. 그러나 긍정적 사고의 이면(裏面)에는 개인에게 모든 책임을 지우는 논리가 자리 잡고 있다. 자본주의 사회에서는 누군가가 실패해야 다른 누군가가 성공할 수 있지만, 긍정적 사고의 이념은 성공이 노력하기 나름이고 실패가 당사자의 탓이라고 역설한다. 긍정적 사고를 하는 사람들에게 부(富)는 유리한 조건을 독점한 결과가 아니라 성공이 가시화된 형태이며, 건강은 환경과는 무관한 태도의 문제이다. 하지만 긍정적 사고를 거부하는 불신자들, 실패자들과 패배자들, 불평분자들은 개인적인 기질을 세상을 설명하는 틀로 받아들일 수 없다. 이렇게 부정적 사고를 하는
사람들에게는 분명히 실패에 따르는 이점이 있다. 파산을 겪고 병마와 싸우는 동안에도 웃음을 잃지 않아야 할 의무에서 벗어난 덕택에 이들은 실패의 경험을 바탕으로 일상생활에 만연(蔓延)한 불평등에 맞설 수 있다.

문제 ❶ 본인이 읽은 책에서 적절한 인물 하나를 예로 들어서, 위 제시문에서 규정하는 '긍정적 사고'를 하는 사람과 '부정적 사고'를 하는 사람이 각각 그 인물의 삶을 어떻게 평가할지 설명하시오.

문제 ❷ 위 제시문은 '긍정적 사고'의 문제점과 '부정적 사고'의 이점을 부각시킨다. '부정적 사고'에는 어떤 문제점이 있을 수 있는지 설명하시오.

❸ 서울대학교 일반전형(2014년) 면접문제

【제시문】

> 일반인들은 사람이 빨리 사망하는데 술, 담배, 비만보다 마리화나 등의 마약이나 암, 교통사고가 더 크게 관여한다고 생각하지만, 실제로는 술, 담배, 비만이 사망에 더 크게 관여한다.

> 대부분의 사람은 '영어 단어 중 K로 시작하는 단어 수와 세 번째 글자가 K인 단어 수 중 어느 것이 더 많을까?'라는 질문에 K로 시작하는 단어를 꼽는다. 연구결과 K가 세 번째 글자인 단어의 수가 더 많았다.

> 한 뉴스에서 어떤 여성이 "남성들 때문에 에이즈에 걸렸으니, 앞으로 남자들에게 퍼뜨리고 다닐 것이다."라고 말했다. 인터뷰 후 많은 사람이 에이즈의 원인을 에이즈에 걸린 여성과의 성관계라고 판단하고 여성들을 기피했다. 실제로는 에이즈의 원인이 다양하다. 또 해당 국가에서 원래 에이즈 발병률이 높았으나 관심이 별로 높지 않았지만, 여성의 인터뷰로 인해 관심이 높아졌다.

문제 ❶ 〈제시문〉의 공통 주제와 공통된 원인이 무엇인지 답하시오.

문제 ❷ 당신이 기업의 CEO라면 소비자가 위와 같은 특성을 가지고 있을 때 이를 기업에 어떻게 활용할 것인지 답하시오.

문제 ❸ 당신이 CEO라고 생각하고 앞에서 답한 답변들을 바탕으로 사업 아이템을 하나 소개하시오.

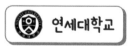
연세대학교

❶ 연세대학교 학생부종합전형(2016년) 면접

연세대학교 학생부종합전형은 '학교활동우수자' 전형이라 불리운다. 2018년 연세대학교 학생부 입학전형의 특징은 학생부교과전형이 폐지되고, 학생부종합 면접형, 활동우수형, 기회균등으로 전형으로 치루어진다.

[학생부종합 면접형]

`전형방법` 1단계 : 서류전형 교과 50% + 비교과 50%(학교생활기록부, 자기소개서, 추천서 외)

2단계 : 1단계 성적 40% + 면접 60%

[학생부종합 활동우수형]

`전형방법` 1단계 : 서류전형 100%

2단계 : 1단계 성적 70% + 면접 30%

`면접평가` 면접구술시험, 문제 숙지 10분, 연습지 활용 가능(반드시 면접위원에게 제출)

❷ 연세대학교 학생부종합전형(2016년) 면접구술시험 문제

[면접질문]

다음 제시문을 읽고 물음에 답하시오.

【제시문】

대한민국은 현재 초고령화 사회로 접어들고 있으며 노동력의 감소가 사회문제화 되고 있다(그림 1). 반면, 경제성장 둔화로 인해 청년층에서는 구직난이 문제가 되고 있다(그림 2).

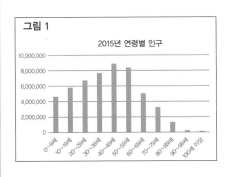

그림 1

2015년 연령별 인구

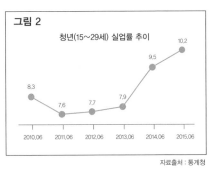

그림 2

청년(15~29세) 실업률 추이

자료출처 : 통계청

문제 ① 제시문을 참고하여 정년연장에 대한 본인의 의견을 논리적인 근거와 함께 설명하시오.

문제 ② 제시문에 언급된 현상으로 인해 생길 수 있는 사회문제의 예를 들고 해결책을 논하시오.

❸ 연세대학교 특기자전형 면접

연세대학교 특기자전형 면접은 일반전형 면접과 비교했을 때 난이도가 상당히 높다. 연세대학교 특기자전형 면접은 면접 대기실에서 대기하다가 20분간의 면접문항 숙지 시간이 주어지고, 다대일 면접으로 면접문항에 대한 질의응답이 20분간 진행된다.

❹ 연세대학교 특기자전형(2014) 면접문제

【제시문】

(가) 과학자들은 무지하다는 것과 회의한다는 것 그리고 불확실한 것에 대하여 많은 경험을 가지고 있습니다. 이러한 경험을 매우 중요하다고 생각합니다. 한 과학자가 어떤 문제의 결과가 어떻게 나올지 예상만을 할 수 있다면 그는 불확실한 것입니다. 그 결과가 어떻게 될 것이라고 꽤나 본인 있더라도 그는 여전히 회의하는 것입니다. 우리는 과학의 발전과 진보를 이룩하기 위해서는 우리의 무지함을 깨닫고 확실시되는 것들에 대해서도 어느 정도는 회의를 한다는 것이 얼마나 중요한지를 배웠습니다. 과학적 지식이라는 것은 서로 다른 정도의 확실성을 갖는 명제들의 모임입니다.

우리 과학자들은 이러한 생각에 매우 익숙해져 있어서 불확실하다는 것도 사실은 매우 일관성 있는 태도이며 살아가면서 많은 것을 모를 수도 있다는 것을 당연하게 받아들이고 있습니다. 하지만 나는 다른 모든 사람도 이러한 사실을 깨닫고 있는지 모르겠습니다. 과학의 발달 초기에 인간은 권위와의 투쟁을 통하여 회의할 수 있는 자유를 쟁취하였습니다. 그것은 매우 심오하고도 강력한 투쟁이었습니다. 확신하는 대신 물음을 던질 수 있는 자유를 얻기 위해서였습니다. 이렇게 우리가 얻은 것을 다시 잃지 않기 위해서는 과거에 있었던 투쟁을 잊지 않는 것이 중요하다고 생각합니다. 그것이 우리 사회에 대한 우리의 책임이라고 생각합니다.

인간이 가진 엄청난 가능성에 비해 무척이나 왜소해 보이는 인간의 성취를 생각하면 서글픈 생각마저 듭니다. 사람들은 과거 역사를 돌이켜 보면서 좀 더 잘할 수 있었을 텐데 하는 생각을 하지만 똑같은 오류는 또다시 되풀이되고 있습니다. 과거 악몽 같던 암흑시대를 살았던 사람들은 그들의 미래에 대해 꿈이 있었습니다. 하지만 그들의 미래인 우리가 사는 지금. 그들의 꿈 중 일부는 이루어졌으나 다른 많은 것들은 여전히 꿈으로 남아 있음을 알고 있습니다. 우리들의 희망 중 많은 것들은 어제의 희망이기도 했습니다.

〈리처드 파인먼이 1955년에 국립 과학원의 가을 학회에서 했던 대중 연설의 원고〉

(나) 잠시 즐거울 땐 한가롭더니
　　어느덧 근심 속에 늙어버렸구나
　　좁쌀 밥이 다 되기 전에
　　인생이란 한 꿈인 줄을 깨달았구나
　　수신의 잘잘못은 먼저 성의에 있는데
　　홀아비는 미인을, 도적은 창고를 꿈꾼다
　　어찌 가을의 철야몽만으로
　　때때로 눈만 감아 청량에 이르랴

(다) 사람들은 누구도 입을 열지 않는다. 대합실 벽에 붙은 시계가 도착 시각을 한 시간 반이나 넘긴 채 꾸준히 재깍거리고 있었지만 누구 하나 눈여겨보는 사람은 없다. 사람들은 약속이나 한 듯이 말을 잊었다. 어쩌면 그들은 열차를 기다리고 있다는 사실조차 망각하고 있는 것인지도 모른다. 중년 사내는 담배를 입에 문 채 성냥불을 댕기려다 말고 멍하니 난로의 불빛을 들여다보고 있다. 노인을 안고 있는 농부도, 대학생도, 쭈그려 앉은 아낙네들도, 서울 여자도, 머플러를 쓴 춘심이도 저마다의 손바닥들을 불빛 속에 적셔두고 망연한 시선들을 난로 위에 모은 채 모두 아무 말도 하지 않았다.

임철우의 〈사평역〉

문제 ❶ (가)와 (나)에서 나타난 꿈의 의미를 서술하고 삶에 대한 태도 및 관점의 공통점과 차이점에 관해 이야기하시오.

문제 ❷ '나 본인'이나 인간에게 꿈이란 어떤 의미와 영향을 주는지 견해를 서술하시오.

문제 ❸ (다)의 소설의 여러 주인공은 각각 삶에 대한 태도를 보이고 있다. 이러한 태도를 토대로 (가), (나)를 비판해 보시오.

【제시문 1】

EBS 영어문제집 지문 '보이지 않는 고릴라'

우리는 잠시 비어있던 심리학과 건물의 한 층을 무대로 삼고 학생들을 연기자로 삼았다. 학생들은 두 팀으로 나누어져 이리저리 움직이며 농구공을 패스했고, 우리는 이 장면을 찍어 동영상을 만들었다. 한 팀은 흰 셔츠를, 다른 한 팀은 검은 셔츠를 입었다. 댄이 카메라를 맡고 감독 역할을 했으며, 크리스는 배우들의 움직임을 조정하고 찍어야 할 장면들을 연출했다. 그리고는 찍은 동영상을 디지털 방식으로 편집해 여러 개의 비디오테이프에 옮겨 담았고, 학생들이 캠퍼스 곳곳을 누비며 실험을 진행해주었다.

학생들은 실험 참가자들에게 검은 셔츠 팀의 패스는 무시하고, 흰 셔츠 팀의 패스 횟수만 말없이 세어달라고 부탁했다. 동영상의 재생 시간은 1분이 채 되지 않는다.

실험에 참가해보고 싶다면 잠시 책을 덮고 이 책의 홈페이지를 방문하면 된다. 이 홈페이지에는 짧게 편집한 농구공 패스 동영상뿐 아니라 앞으로 논의할 실험의 상당수가 링크되어 있다.

동영상을 주의해서 보고, 공중으로 넘긴 패스와 바운드 패스 횟수를 모두 세면 된다.

학생들은 동영상이 끝나자마자 실험 참가자들에게 패스의 횟수가 몇 번인지 물었다. 편집되지 않은 동영상의 경우, 정확한 패스 횟수는 서른네 번이다. 어쩌면 서른다섯 번일 수도 있다. 솔직히 말하면 횟수는 중요하지 않다. 패스 숫자 세기는 실험 참가자들이 화면상의 움직임에 주의를 집중하도록 내준 과제일 뿐이기 때문이다. 우리는 패스 횟수를 세는 능력에는 관심이 없다. 실제 우리의 관심은 다른 데 있었다.

동영상 중간에 고릴라 의상을 입은 여학생이 약 9초에 걸쳐 무대 중앙으로 걸어와 선수들 가운데에 멈춰 서서 카메라를 향해 가슴을 치고 나서 걸어나갔다. 실험대상자에게 패스에 대해서 질문한 후에 우리는 더 중요한 다음 질문을 했다.

질문 : 패스 횟수를 셀 때 뭔가 이상한 걸 느끼셨나요?
대답 : 아뇨.
질문 : 선수들 말고 뭔가 눈에 띄는 게 없었나요?
대답 : 음, 엘리베이터가 있었고 벽에 'S'자가 그려져 있었어요. 그 'S'자가 뭘 뜻하는지는 모르겠어요.
질문 : 선수들 말고 눈에 띄는 누군가는 없었나요?
대답 : 없었어요.
질문 : 고릴라 보셨어요?
대답 : 네?

놀랍게도 연구에 참가한 실험대상자 중 약 절반이 고릴라를 의식하지 못했다. 그때부터 여러 가지 조건에서 다양한 실험대상자를 대상으로, 여러 나라에서 여러 번 반복해서 실험이 진행되었지만, 결과는 늘 같았다. 약 50%는 고릴라를 보지 못했다. 고릴라가 바로 카메라 앞까지 걸

어와 그들을 향해 얼굴을 돌리고 가슴을 친 다음 멀어져 가는 것을 사람들은 왜 못 보는 걸까? 고릴라가 보이지 않도록 한 것이 무엇일까? 이러한 인식의 오류는 기대하지 못한 사물에 대한 주의력 부족의 결과이며 과학적으로는 '무주의 맹시'라 부른다. 이 용어는 시각 체계의 손상으로 인한 맹시와 구분하기 위한 것으로, 이 실험에서 사람들이 고릴라를 보지 못한 진짜 이유가 눈에 어떤 문제가 있기 때문이 아니라는 의미이다. 사람들은 눈에 보이는 세상의 특정 부분의 모습이나 움직임에 주의를 집중하고 있을 때 예상치 못한 사물이 나타나면 이를 알아차리지 못하는 경향이 있다. 그 사물이 두드러지는 데다 중요성을 띄고 있고 시선을 두고 있는 바로 그 자리에 나타날 때조차 그렇다. 다시 말해 실험대상자들은 패스 횟수를 세는 데 너무 집중한 나머지 바로 눈앞에 있는 고릴라에는 눈이 먼 것이다.

【제시문 2】

실증적 학문은 사실 그 자체에 대한 과학적 탐구를 강요한다는 점에서 객관적이다. 실증적 학문이 객관적일 것이라는 믿음 자체는 인간의 주관이다. 그러므로 실증적 학문이라고 하더라도 인간의 주관에서 벗어날 수 없다. 따라서 객관적인 기준을 세우되 그 기준 역시 주관적일 수 있음을 인정하고 항상 주의해야 한다.

문제 ❶ 〈제시문 1〉과 〈제시문 2〉에 나타난 사회과학적 탐구방법이 같은지 다른지 본인의 의견을 밝히시오.

문제 ❷ 〈제시문 1〉과 〈제시문 2〉의 사회과학적 탐구방법 중 어느 것이 더 바람직한지 논하시오.

⑥ 연세대학교 특기자전형(2015) 면접문제

【제시문 1】

작가는 모방하는 존재이다. 글을 쓸 때 작가 본인은 본인이 느낀 감정 등을 묘사하며 본인이 창조하고 있다고 생각하겠지만, 그가 사용하는 문자 체계는 다른 누군가가 이미 창조한 것이다. 따라서 작가의 글은 모방의 결과이다.

【제시문 2】

> 최근 인터넷 기사를 컴퓨터가 작성하는 일들이 빈번하게 일어난다. 물론 컴퓨터로 쓴 글은 숙련된 기자의 글보다 섬세하지 않지만, 기본적인 정보를 보다 빠르게 전달할 수 있다는 장점이 있다. 앞으로 기자의 역할을 컴퓨터가 점차적으로 대체하게 될 것이다.

문제 ❶ 〈제시문 1〉과 〈제시문 2〉에 드러난 '저자'의 이미지를 묘사하시오.

문제 ❷ 인문학적 공부인 읽기와 쓰기 교육이 대학에서 필요한 이유에 대해 본인의 생각을 논하시오.

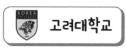

고려대학교는 면접을 통해 지원자의 우수성을 종합적으로 평가하며, 수학할 수 있는 기본적인 역량을 갖추었는지가 평가의 주안점이다.

[일반전형]

전형방법 **1단계** : 서류종합평가 100%(학생부, 자기소개서, 추천서), 3배수 선발

2단계 : 1단계 평가 70% + 면접 30%

면접평가 2인 이상 면접위원이 학교 인재상(성실성, 리더십, 공선사후정신, 전공적합성, 창의성)에 부합하는 기본역량과 융합형인재로의 발전 가능성을 심층적 평가

심층면접	입실 전 제시문과 문제를 읽고 준비시간을 가진 뒤 입실, 문제에 대한 자신의 생각 구술, 추가질문에 답하는 형식
일반면접	지원자의 생각과 의견을 묻는 간단한 질문으로 진행, 제시문이 따로 주어지지 않음
서류기반 면접	지원자가 제출한 서류를 바탕으로 심층확인을 하는 방식으로 진행, 심층면접과 일반면접에서 서류기반면접이 함께 진행될 수 있음

고려대학교 학생부종합전형 면접은 대기실에 앉아 있다가 면접실로 이동하여 12분 동안 제시문을 읽고 정리한 후, 면접실로 들어가 30분 동안 제시문에 대하여 답변하는 방식이다.

■ 고려대학교 융합인재전형(2016) 면접문제

【제시문】

(가) 글을 가르칠 때는 맑을 청(淸) 자로 흐릴 탁(濁) 자를 깨우치게 하고, 가까울 근(近) 자로 멀 원(遠) 자를 깨우치며, 가벼울 경(輕) 자로 무거울 중(重) 자를 깨우치고, 얕을 천(淺) 자로 깊을 심(深) 자를 깨우친다. 이렇게 두 글자를 들어 대조해 밝히면 두 가지의 뜻을 알게 되지만, 한 글자씩을 들어 말하면 두 글자의 뜻을 함께 모르게 된다.

(나) 씻어 버려야 할 불명예, 바로잡아야 할 부정, 고쳐야 할 무분별한 일, 개선해야 할 폐단과 해결해야 할 부채가 있는 이상 하루라도 지체하는 건 세상에 대한 손실이라는 생각이 그를 괴롭혔다. 그래서 그는 본인의 의지를 실천에 옮기는 데 더 이상 머뭇거리고 싶지 않았다. 이렇게 무더운 7월의 어느 날, 채 동트기도 전에 그는 로시 난테에 올라탔다. 자기 생각을 어느 누구에게도 알리지 않은 돈키호테는 조잡한 투구를 쓰고, 싸구려 방패를 들고, 어설픈 창을 거머쥔 채 마당 뒷문을 통해 들판으로 씩씩하게 나갔다. 본인이 그토록 원했던 것이 너무나 쉽게 이루어진 게 무척이나 만족스럽고 기뻤다. 이제 마음이 평온해지자 어느 길로 갈 것인가는 운명에 달려있다고 생각하여 말이 가는 곳으로 재촉했다.

(다) 새로운 논리를 창출하기 위해서는 이미 존재하는 논리를 의심하는 것에서 시작해야 한다. 의심이라는 것은 단순하게 문장에 의문부호를 붙이는 것이 아니다. 의심한다는 것은 하나의 행위이며 구체적인 실천이다. 의심하는 곳까지 도달하려면 시간―공간―상황 등에 대한 의문을 끝까지 밀고 나가야 하며, 실행의 효과와 가치도 함께 고려하지 않으면 안 된다. 역설적으로, 모든 것을 의심하고자 하는 사람은 의심하고자 하는 곳까지 도달할 수 없다. 문이 열리거나 닫히려면 경첩이 고정되어 있어야 하는 것처럼 문제를 제기하고 의심을 표명하여 실천에 이르기 위해서는 몇몇 사실들이 의심의 대상에서 벗어나 있어야만 한다.

(라) 핵분열을 연구하고 있는 학자들을 두고 사람들은 '지식인'이라고 부르지는 않는다. 그들은 그저 해당분야의 전문지식을 갖추고 있는 '연구자'일 뿐이다. 이 '연구자'들이 '지식인'이 되기 위해서는 우선 본인의 지식을 이용하여 탄생하게 될 핵무기의 파괴적인 능력을 인지하고, 이 핵무기가 가져올 반인류적인 재앙에 대해 고민에 고민을 거듭해야 한다. 그렇게 해서 핵무기의 사용으로 인한 심각한 폐해에 대해 국민 대다수가 경각심을 가질 필요가 있다는 결론에 도달한 후, 어느 순간 고민하기를 멈추고 그 위험성을 모두에게 알리는 일에 직접 동참해야만 한다. 인권이나 반핵사상을 공고하는 선언문을 작성하여 서명을 하는 등의 직접적인 행동을 취했을 경우에만 '연구자'는 비로소 '지식인'이 되는 것이다.

문제 ❶ (다)에 나타난 '의심'이라는 주제를 바탕으로 (나)의 '본인의 의지를 실천에 옮긴 행위'를 자유롭게 논해보시오.

문제 ❷ (가)의 요지를 설명하고, 여기에서 유추하여 (라)의 '연구자'와 '지식인'의 차이를 말해보시오.

문제 ❸ (라)의 '지식인'과 (나)의 '돈키호테'의 공통점과 차이점을 말해보시오.

문제 ❹ 이론과 실천의 관계에 대해 제시문 각각을 최대한 활용하여 자유롭게 이야기해 보시오.

❷ 고려대학교 학교장추천전형(2016) 면접문제

【제시문】

(가) 《어울림 콘서트 공연 소개》
　　이 콘서트의 취지는, 국악과 양악의 어울림을 통하여 흥겨움과 경쾌함을 돋보이게 하고 시각과 청각을 만족시키는 종합예술로 승화시키는 것이다. 1. '소리와 몸짓': 대북, 모듬북, 외북과 관현악이 어우러져 역동적인 합주가 이루어진다. 2. '소리의 어울림': 가야금의 빠른 템포로 시작을 알리고 관현악과 태평소가 한바탕 어우러진 뒤 피리의 아름다운 멜로디 부분에서는 태평소 2대가 선율을 이끌어간다. 3. '소리와 놀이': 사물놀이 악기와 피아노가 우리의 전통 리듬 속에 주제선율을 연주한다. 관현악과 피아노의 선율, 사물놀이의 자유분방한 음악성이 휘몰아치는 타악 연주로 이어지고, 사물놀이의 쇠잡이와 피아노가 주고받는 짝드름, 소리의 조화와 만남 속에 어울림을 통하여 전체적인 소리의 장과 놀이의 장이 전개된다.

(나) '비빔밥'은 '섞어 비빈 밥'이라 하여 붙여진 이름으로, 밥에 갖은 나물과 쇠고기, 고명을 올려 약고추장에 비벼 먹는 음식이다. 비빔밥에 들어가는 재료들은 각기 다른 맛과 특성을 가진다. 매운 고추장을 밥과 다양한 재료에 넣고 비비면 매운맛은 사라지고 부드럽고 깔끔한 맛이 생겨난다. 비빔밥은 각각의 재료가 자기의 맛을 주장하지 않고 모든 재료가 서로 잘 어우러지는 음식으로서, 영양학자에 따르면 탄수화물, 단백질, 비타민, 미네랄은 물론 식물성 지방에 이르기까지 사람의 몸에 필수적인 5대 영양소를 골고루 섭취할 수 있는 웰빙식품이다. 화이부동(和而不同), 즉 조화를 이루되 개성이 살아 있다는 이 말은 재료 고유의 맛들이 하나로 어우러지면서도 각자 살아 있는 비빔밥을 소개하기에 가장 적합한 말이다. 비빔밥은 그저 하나의 음식일 수도 있지만, 그 한 그릇 속에는 우리의 문화가 생생하게 담겨 있다.

문제 ❶ 두 제시문에 공통된 '어울림'이나 '조화'의 개념에 대해 정의를 내리고, 지원 전 공분야와 관련해서 예를 들어 설명하시오.

문제 ❷ 두 제시문에서와 같이 '어울림'으로써 얻을 수 있는 긍정적인 효과에는 어떤 것이 있는지 말해보시오.

문제 ❸ 인간관계에서 잘 어울리기 위해 필요한 덕목 중 가장 중요하다고 생각하는 다섯 가지를 말해보시오.

❸ 고려대학교 국제인재전형(2016) 면접문제

【제시문】

> (가) 다국적 기업의 화려한 상품목록 이면에는 제3세계 노동자들에 대한 착취와 그들의 희생, 환경오염이 숨어있다. 국제 금융자본은 투기를 통해 제 이익만을 챙기며 각 나라의 기업 운명을 좌지우지하고 노동자를 거리로 내몬다. 발전된 기술과 자본을 가진 선진국은 싼값에 농·축산물을 대량으로 수출해 많은 이윤을 남기지만 그럼으로 인해 가난한 나라의 영세 농민들은 설 곳을 잃는다. 예를 들어 아프리카의 말리는 해마다 100톤이 넘는 목화를 생산해 온 아프리카의 최대 목화 생산지이지만 목화 재배를 포기하는 농민들이 점점 늘고 있다. 그 이유는 값싼 미국산 목화가 세계 시장에 쏟아져 목화 값이 폭락한 데 반해 목화 재배에 필요한 비룟값은 크게 올랐기 때문이다.
>
> (나) 오늘날 지구에서 사용되는 7천여 개의 언어 중 많은 수는 수십 년 내에 소멸할 것이라는 전망이 있다. 특히 아마존 강 유역에 거주하는 원주민들은 가축사육을 위한 개간, 공장용지 확보, 도로건설이라는 명목으로 벌어지는 무차별한 삼림벌채 때문에 조상 대대로 살아오던 보금자리에서 쫓겨나 도시 빈민으로 전락하고 있다. 이 과정에서 생태환경이 급속도로 위협받는 것은 물론이고, 현지에 거주하는 토착어 사용자의 수가 점점 줄어들면서 토착어 자체도 점점 더 생명력을 잃어가고 결국 사멸에 이르고 있다. 이를 방지하기 위해 유네스코는 2005년에 문화다양성협약을 채택하였으나 이 협약의 실질적인 효과에는 한계가 있다.

문제 ❶ 제시문(가)와 (나)에 공통적으로 나타난 문제가 무엇인지 밝히고, 그 배경에 관해 설명하시오.

문제 ❷ 문제 ①에 대한 첫 번째 답변의 또 다른 예들을 구체적으로 설명하시오.

문제 ③ 두 제시문의 문제점에 대한 해결방안을 기업, 국가, 세계기구의 차원으로 나누어 제시하시오.

④ 고려대학교 국제인재전형(2016) 면접문제

【제시문】

(가) 문화접변이 발생할 경우, (a) 유입된 새로운 문화 요소가 기존의 문화 내부에서 독립성을 유지하며 함께 존재하는 현상이 나타날 수 있고, (b) 고유문화가 외래문화와 접촉한 결과 전에 없던 새로운 제3의 문화가 나타날 수도 있다. 또한 (c) 기존의 문화가 외래문화에 완전히 흡수되어 해체되거나 소멸되어 문화 고유의 성격을 잃어버리는 결과가 초래될 수 있다. 끝으로 (d) 기존의 문화가 외래문화를 거부하거나 배척하고 고유성을 보존하려 하거나 복고 또는 저항 운동이 일어나기도 한다.

(나) 인도네시아에서 온 근로자 A 씨는 이슬람교도로서, 얼마 전까지만 해도 직장에서 회식이 있을 때마다 매우 곤혹스러웠다. 이슬람 율법상 돼지고기를 금하고 있기 때문에 A 씨는 돼지고기를 먹지 않는데, 직장상사는 그에게 먹을 것을 강요했기 때문이다. 그러나 직장상사는 최근 타문화에 대한 인식이 변하여 A 씨의 문화를 이해해주고 돼지고기를 더 이상 강요하지 않는다. 그로 인해 문화 갈등이 줄어들면서 A 씨는 안도하게 되었다. 뿐만 아니라 과거에는 국내에서 할랄(Halal) 식품을 찾기 힘들었으나 지금은 예전보다 쉽게 이태원 등지에서 구할 수 있게 되었다.

문제 ① 제시문(가)의 문화접변 현상 (a)~(d)가 각각 무엇인지 밝히고, 이를 일정한 기준에 따라 두 가지 유형으로 분류하시오.

문제 ② 제시문(가)의 문화접변 현상 (a)~(d)가 각각 어떤 조건에서 전개되는지 예를 들어 설명하시오.

문제 ③ 제시문(나)에서 엿볼 수 있는 타문화에 대해 세 가지 수용 태도를 제시문(가)의 관점에서 설명하시오.

⑤ 고려대학교 융합인재전형(2016) 면접문제

【제시문】

(가) 밥이 쓰다.
달아도 시원찮을 이 나이에 벌써
밥이 쓰다.
돈을 쓰고 머리를 쓰고 손을 쓰고 말을 쓰고 수를 쓰고 몸을 쓰고 힘을 쓰고 억지를 쓰고
색을 쓰고 글을 쓰고 안경을 쓰고 모자를 쓰고 약을 쓰고 관을 쓰고 쓰고 싶어 별루무 짓을
다 쓰고 쓰다.
쓰는 것에 지쳐 밥이 먼저 쓰다.

(나) 동물의 소리가 한 가지 의미를 지닐 수밖에 없는 것은 동물의 언어가 고정되어 있기 때문
이다. 그러나 인간의 언어는 그렇지 않다. 우리말로 '희다'는 영어로 '화이트(white)'라고 하
고 프랑스어로 '블랑(blanc)'이라고 한다. 또한, 하나의 낱말은 그것이 처한 맥락에 따라 뜻
을 다르게 부여받을 수 있다. 한 낱말의 값은 그 낱말 주위에 있는 다른 낱말들에 의해 결
정된다. 예를 들어
a. 그는 바보다. 왜냐하면 1 + 1 = 2인 것을 모르니까.
b. 그는 바보다. 왜냐하면 가난한 거지를 보면 옷을 벗어 주니까.
　위의 a, b 두 문장에서 '바보'라는 낱말의 값은 각각 다르다. '바보'라는 낱말의 값을 부여
하는 것은 '바보'라는 낱말을 둘러싼 나머지 낱말들이기 때문이다. 이와 같은 특성을 언
어의 자의성(恣意性)이라고 한다. 이처럼 언어는 형식과 의미가 아무런 체계 없이 연결
되어 있는 것처럼 보이지만 한편으로는 그 나름의 체계를 갖고 있다. 무엇보다도 언어
는 한 사회의 약속이기 때문이다. 언어는 관습과 규약, 통념과 상징으로서 그 사회 집단
의 문화적 특수성을 반영한다. 예를 들어 '저울'이라는 낱말은 '공정함'이나 '정의로움'을,
'붓'이나 '펜'은 '무력'보다는 '정신적인 힘'을 한 사회의 언어 사용자들에게 자연스럽게 떠
올리게 한다.

(다) 샤일록 : 이제 공증인에게 가서 도장만 찍으면 됩니다. 증서에 기록된 대로 지정된 날짜에
지정된 장소에서 지정된 액수의 금액을 갚지 않으면 위약금 대신 당신의 살점 일 파운드를
주시기 바라며, 그 살점은 제가 좋아하는 부위에서 잘라내도록 허락해 주십사하는 것입니다.
안토니오 : 그 증서에 아무런 이의가 없으니 지금 날인하겠소.
(중략)
재판관 : 자, 어서 살을 떼어낼 준비를 하라. 그러나 단 한 방울의 피도 흘려서는 안 될 것이
다. 그리고 도려내는 살점은 정확히 일 파운드이어야만 한다. 그 이상도 그 이하도 안 된다.
일 파운드 이상 또는 그 이하의 살을 도려낼 시, 그 무게가 일 파운드에서 만분의 일이라도
벗어나거나 저울이 머리카락 한 올만큼이라도 기울면, 그대는 사형이다. 그리고 전 재산도
압수할 것이다.

(라) 아무도 쥐를 보고 후덕하다고 생각은 아니할 것이요 할미새를 보고 진중하다고는 생각지 아니할 것이요 돼지를 소담한 친구라고는 아니할 것이다. 토끼를 보고 방정맞아는 보이지마는 고양이처럼 표독스럽게는 아무리 해도 아니 보이고, 수탉은 걸걸은 하지마는 지혜롭게는 아니 보이며, 뱀은 그림만 보아도 간특하고 독살스러워 구약(舊約) 작가의 저주를 받은 것이다. 개는 얼른 보기에 험상스럽지마는 간교한 모양은 조금도 없다. 말은 깨끗하고 날래지마는 좀 믿음성이 적고 당나귀나 노새는 아무리 보아도 경망꾸러기다. 족제비가 살랑살랑 지나갈 때 아무라도 그 요망스러움을 느낄 것이요 두꺼비가 입을 넓적넓적하고 쭈그리고 앉은 것을 보면 아무가 보아도 능청스럽다.

문제 ❶ (가)의 '쓰다'의 활용을 (나)를 통해 설명하시오. 이를 바탕으로 (다)의 재판관의 판결을 비판해보시오.

문제 ❷ (나)에 나타난 언어의 사회성을 (라)와 관련지어 설명해보시오.

문제 ❸ (다)의 샤일록과 안토니오 간의 계약은 유효한가? '예'/'아니오' 중 하나를 선택하여 대답하고, 문제 ②의 답변을 토대로 그 이유를 설명해보시오.

문제 ❹ 절박한 상황에 처하게 된다면, 어떤 약속도 할 수 있는가? 제시문 각각을 참조하여 자유롭게 이야기해보시오.

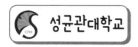

성균관대학교 학생부종합전형은 성균인재전형과 글로벌인재전형이 있다. 2018년도 입학전형에는 새롭게 소프트웨어과학인재전형이 신설된다. 성균인재전형은 계열 모집 단위별로 선발하며, 글로벌인재전형은 학과 모집단위로 선발한다.

[성균인재전형/글로벌인재전형]

전형방법 서류종합평가 100%(학교생활기록부, 자기소개서, 추천서, 학교프로파일) 선발

*수능 최저학력기준 미적용

※ 단, 의예, 교육, 한문교육, 수학교육, 컴퓨터교육, 영상, 스포츠과학은 면

접(서류 80%, 면접 20%)을 보며, 의예과는 수능최저학력기준을 적용한다.

평가기준 학업역량, 자기주도적 학업태도, 전공분야에 대한 관심과 열의, 글로벌리더

로서의 발전가능성 등을 종합적으로 평가

2018학년도 대학입시에서 눈에 띄는 부분은 여러 대학에서 소프트웨어 수시전형이 신설됐다는 것이다. 성균관대, 한양대, 동국대, 국민대, 숭실대, 가천대 등이다.

 경희대학교

경희대학교는 학생부종합전형인 네오르네상스전형을 시행한다.

[네오르네상스전형]

전형방법 **1단계** : 서류종합평가 100%, 3배수 내외로 선발

2단계 : 1단계 성적 70% + 인성면접 30%

면접평가 **인성면접** : 면접관 2인, 개인면접으로 진행, 면접시간은 10분 내외(의학계열

은 30분 내외)

평가요소		평가기준
인성	창학이념 적합도	창의적 노력, 진취적 기상, 건설적 협동
	인성	품성, 태도, 사회성, 자기주도성
진공적합성	전공 기초소양	전공적합성, 학업역량
	논리적 사고력	참구력 및 논리적 의사소통능력

1 경희대학교 학생부종합전형(네오르네상스전형) 면접문제

문제 ❶ 우리 학교에 지원한 지원 동기는 무엇인가?

문제 ❷ 자기소개를 해보시오.

2 경희대학교 학생부종합전형(네오르네상스전형)(2016) 면접문제

2016학년도 수시모집 학생부종합전형 면접고사
인문계열 – 11월 28일(토) 오전

■ 출제개요

본 문제는 불평등이나 차별을 시정하기 위해 실시되는 소수집단 우대정책의 공정성 여부를 묻는 질문임. 본 질문은 〈지학사 : 사회·문화〉 p.153의 공정성 및 〈미래엔 : 생활과 윤리〉의 「사회 정의와 정의로운 사회」(pp.184–195) 부문을 (특히 pp.184–185에 나오는 '사회정의의 의미와 중요성' 부문을) 기본 배경으로 하며, 〈금성출판사 : 윤리와 사상〉의 「사회정의」 부문(pp.241–248) (특히 p.244에 나오는 '공정으로서의 정의' 개념) 및 〈금성출판사 : 법과정치〉의 「국민의 기본적 권리와 의무」(pp.99–107) 부문을 (특히 p.101에 나오는 '절대적·형식적 평등'과 '상대적·실질적 평등'의 개념을) 적용하여, 그 응용문제로써 소수집단 우대정책의 공정성 여부를 묻고 있음. 위 교과서들의 내용을 충분히 숙지했다면, 소수집단 우대정책의 공정성 여부를 각각의 입장에서 답변할 수 있는 질문임.

■ 문제

많은 국가들에서 불평등이나 차별을 시정하기 위한 공무원 채용이나 대학 입학에서의 소수집단 우대정책이 실시되고 있다. 하지만 일부에서는 소수집단 우대정책이 공정성에 위배된다며 비판하고 있다. 이에 대한 학생의 의견을 말하시오.

■ 추가 질문
① 소수집단 우대정책이 공정하다는 의견에 대한 추가 질문
많은 사람들은 소수집단 우대정책이 실력 있는 사람에 대한 역차별이 될 수 있다고 비판하며, 개인에 대한 평가는 그 개인이 갖는 개성, 장점, 성과로 평가해야지 소속집단으로 평가하면 안 된다고 주장한다. 이에 대한 학생의 의견을 말해보시오.

② 소수집단 우대정책이 공정하지 않다는 의견에 대한 추가 질문
개인의 성취 역시 사회 환경에 의해 영향을 받을 수 있다. 즉, 그 개인을 둘러싼 사회 환경이 좋을수록 그 개인은 더 높은 성취를 이룰 수 있다. 이러한 사회적 환경을 무시하고 전적으로 그 개인이 이룬 성취만 가지고 평가하는 것은 문제가 있다는 의견도 있다. 이에 대한 학생의 의견을 말하시오.

■ 예시 모범답안
① 소수집단 우대정책이 공정하다는 의견
사회에서 차별받고 있는 소수집단은 균등기회가 주어지지 않는 경우가 많음. 소수집단에 균등기회가 주어지지 않은 채 형성된 공고화된 사회질서는 결국 그 소수집단에 속한 개인성원들의 수학능력 점수나 학점, 혹은 학력 등의 성취에도 부정적 영향을 미칠 수 있음.
이런 상황에서, 단순 점수만으로 취업이나 입학을 결정하면, 결국 사회적 불평등을 강화할 우려가 있음. 따라서 차별받는 소수집단에 더욱 많은 기회를 줌으로써 사회적 약자 위치를 탈피하는 데 도움을 줄 수 있음. 이것이 공정한 사회시스템임.

② 소수집단 우대정책이 공정하지 않다는 의견
소수집단이라는 이유로 공무원 취업이나 대학입학에 특혜를 주는 것은 다른 의미에서는 소수집단에 속하지 않는 사람들에게 불리함을 준다는 것을 의미함. 사람은 그 개인이 갖는 개성, 장점, 성과로 평가해야지, 그 개인이 어떤 집단에 속하는지로 평가하는 것은 옳지 않음. 이것은 공정경쟁을 가로막는 평등권 침해임. 개인이 다수집단으로 태어난 것은 그 개인의 선택사항이 아닌데, 그러한 통제 불가능한 요인으로 인해 피해를 받는 사례가 있다면 그것은 공정하지 못한 것임.
또, 소수자 우대정책의 존재 자체가 그 소수집단이 사회적 열위에 있다는 것의 선언이며, 이러한 선언은 그 집단에 대한 사회의 인식을 강화함. 이러한 인식 자체가 집단 간 사회적 불평등성을 공고히 할 위험도 있음.

2016학년도 수시모집 학생부종합전형 면접고사
자연계열 – 11월 28일(토) 오전

■ **출제개요**

본 문제는 고등학교 교과서 「기술 가정」(지학사), '특허와 표준화', pp.132–140, 「생활과 윤리」(미래엔), '직업적 성공의 도덕적 의미', pp.213–215 및 「경제」(교학사), '정보화 시대의 국제 경쟁과 협력', pp.242–243에서 다루고 있는 기술개발에 대한 지적재산권 보호와 기술개발에 따른 금전적 보상 이외의 기술개발에 대한 의욕을 고취하고 또한 기술개발에 대한 적절한 보상을 가능하게 하지만 자칫 공공성을 해칠 수 있다. 또한, 공공성만 강조하다 보면 개인에 대한 권익이 무시될 수 있고 효율성이 떨어질 수 있다. 두 가지 주장 중 어떤 주장이 옳고 그르다 할 수 없는 문제이기 때문에 각각의 주장 중 하나를 선택하여 얼마나 논리적으로 본인의 견해를 표현할 수 있는지와 개인의 사익과 사회의 공익에 대한 시민의식 및 인성을 가졌는지를 평가할 수 있도록 출제된 문제이다.

■ **문제**

특정기술을 선도하고 있는 어떤 기업이 관련 기술의 특허를 무료로 모두 공개하였다. 무료 기술공개에 대한 찬반 의견을 말하시오.

■ **추가질문**

① **찬성답변의 추가 질문**

무료로 기술을 공개한다면, 기업이나 개인의 입장에서 기술개발을 위한 노력을 왜 해야 하는가?

② **반대답변의 추가 질문**

일부 기업에서 특허권을 이용하여 가격을 고가로 책정하는 것에 대해 어떻게 생각하는가?

2016학년도 수시모집 학생부종합전형 면접고사

인문계열 – 11월 28일(토) 오후

■ 출제개요

본 문제는 고등학교 교과서 「세계 지리」 (교학사), '세계의 인구 이동과 지역 변화', pp.194–199, 「사회·문화」 (지학사), '세계화의 진전과 대응 방안', pp.235–237, '전 지구적 차원의 문제와 해결 방안', pp.242–245, 그리고 「세계사」 (비상교육), '탈냉전 시대의 갈등과 분쟁', pp.278–279에서 다루고 있는 주제를 응용한 것이다. 문제의 취지는 교과서에 실린 관련 주제와 개념들에 대한 단순한 암기식 이해의 수준을 넘어 실제 세계적으로 발생하고 있는 정치적, 군사적 이유로 인한 인구 이동과 해결방안을 종합적으로 사고할 수 있는 능력을 지녔는지 파악하고자 하는 데에 있다. 여기서 중요한 것은 문제의 파악과 해결에 있어 단면적이고 편향적인 패턴에 빠지지 않고 다양하고 종합적인 관점을 유연하고 탄력적으로 사용하고 있는지를 가려내는 데에 있다.

■ 문제

세계의 인구 이동은 다양한 경제적, 정치적, 종교적, 문화적 이유로 발생한다. 최근 전쟁과 정치적 이유로 수백만 명의 국외 난민이 전 세계적으로 발생하고 있다. 이런 상황에서 한국은 외국인 난민을 받아들여야 하는가?

■ 추가 질문

① '난민을 받아들여야 한다.'라고 답변한 경우

유럽 각국은 중동과 아프리카 지역의 난민들을 받아들였지만, 사회 통합에 많은 어려움을 겪고 있다. 한국에서 외국인 난민들과의 사회 통합 문제는 어떻게 해결해야 하는가?

② '난민을 받아들이지 말아야 한다.'라고 답변한 경우

우리 정부도 공식적으로 난민들의 인권을 옹호하고 있는데, 그렇다면 보편적 인권의 차원에서 난민의 생존과 자유를 어떻게 보호해야 하는가?

■ 예시 모범답안

① '난민을 받아들여야 한다'는 답변의 경우

전쟁과 정치적 문제로 인한 난민 구제는 보편적인 인권의 문제이다. 정치적, 경제적, 문화적 이유보다 인간의 생존과 자유를 우선 보호해야 하는 것이 전 지구적 공동체의 윤리이자 의무이다. 역사적으로 한국인도 일제 식민지 지배의 박해를 피하려고 중국과 러시아 등으로 이주했다. 이런 선례를 비추어 보았을 때 동병상련의 입장에서 난민을 좀 더 적극적으로 받아들여야 한다. 다른 한편 한국은 저출산, 고령화로 심각한 인구 문제에 직면해 있다. 난민의 적극적인 수용은 한국의 인구 문제를 해결하고 경제활동 인구를 확보하여 경제성장의 중요한 수단이 될 수 있다. 또한, 국외 이민자들의 사회적 다양성과 문화적 풍부함은 글로벌 시대 한국 사회의 중요한 문화적 자원이 될 수 있다.

② '난민을 받아들이지 말아야 한다'는 답변의 경우

유럽에서의 난민 수용이 사회 통합 실패로 이어진 것처럼 난민을 받아들였을 때 언어, 인종, 문화의 차이 때문에 한국 사회의 사회 통합을 이루기 힘들다. 난민은 숙련된 기술을 제공하기보다 저임금의 단순 노동력을 제공할 가능성이 커 한국 사회의 양극화를 더욱 심화시킬 것이다. 결과적으로 한국 사회는 지역적, 계층적 갈등에 덧붙여 인종적, 종교적 갈등이 발생할 가능성이 크다. 또한, 난민을 수용한다면 대규모의 체계적인 지원 대책이 필요하다. 난민들에 대한 거주, 교육, 의료 등의 광범위한 지원은 상당한 재원을 필요로 해서 국가 재정을 악화시키고 국민 세금 부담을 가중시킬 것이다. 외국인 난민의 인권도 중요하지만, 한국 국민의 안전과 인권이 우선시 되어야 한다.

2016학년도 수시모집 학생부종합전형 면접고사
자연계열 – 11월 28일(토) 오후

■ 문제

과학기술은 활용에 따라서 인간의 삶에 도움이 될 수도 있지만, 해악을 줄 수도 있다. 그 책임은 과학기술을 실제로 활용하는 사람에게 있고 과학기술자는 자유롭게 연구를 진행해야 한다는 주장이 있다. 이 주장에 대한 찬반 의견을 말하시오.

■ 추가 질문

① 찬성답변의 추가 질문

핵폭탄이 인류에게 위협이 되고 있다. 이처럼 많은 인명을 살상한 과학기술을 어떻게 평가할 수 있을까?

② 반대답변의 추가 질문

핵분열 이론은 원자력 발전과 핵폭탄에 이용되고 있다. 핵분열 이론 자체를 연구하는 것이 문제가 되는가?

■ 예시 모범답안

① 찬성답변

과학기술은 객관적인 관찰, 실험 및 논리적 사고를 바탕으로 하기 때문에 주관적 가치가 개입될 수 없다. 이는 개인의 가치관에 따라 과학기술의 법칙이나 이론이 달라질 수가 없다는 것을 의미한다. 또한, 과학기술은 객관성과 확실성이 중요하기 때문에 이를 확보하기 위해서 가치 중립적이어야 한다. 진리 발견과 활용은 별도의 문제이며 과학기술을 이용하는 사람들에 의해 의미나 가치가 결정된다.

② 반대답변

과학기술자가 연구대상을 선정하고 그 결과를 활용할 때 기업의 이익, 사회적 요구 또는 개인의 가치관을 바탕으로 하기 때문에 활용결과에 대한 책임에서 벗어날 수 없다. 과학기술은 진리 발견과 활용이라는 목적이 있지만, 그 목적이 인간의 존엄성 구현과 삶의 질 향상에 도움이 되지 않는다고 예상된다면 그 연구나 기술의 활용을 중단하거나 긍정적으로 활용되도록 과학기술자는 사회적 책임을 다하여야 한다.

2016학년도 수시모집 학생부종합전형 면접고사
의학계열(의예, 한의예, 치의예) – 11월 29일(일) 오후

■ 출제개요

본 문제는 직업 중 하나인 의사가 본인의 업무에 충실하면서도 환자를 치료하는 데 대하는 방향이 달랐을 때, 어떤 의사가 환자에게 좋은 의사인가를 학생에게 판단하게 하는 문제이다. 새로운 치료법을 선호하는 의사와 안정성을 추구하는 진료를 하는 의사 중 학생이 어떤 의사가 되기를 원하는가를 묻는 말과 실제 의료현장에서는 환자가 의사가 권유하는 치료를 받아들이지 않고 다른 치료방법을 원하거나 치료를 거부하는 경우가 있다. 이런 상황에서 학생이 의사라면 어떻게 대처하는 것이 좋은가에 대하여 의료윤리나 도덕적 판단을 고려하며 논리성 있고 체계화된 답변을 제시하는지를 통해 직업 적합성을 확인하고자 하였다. 이 문제는 [생활과 윤리] (천재교육, p.30–35) (미래엔, p.210–212)를 중심으로 응용하여 출제되었다.

■ 문제 ❶

의사가 되면 아픈 사람을 치료할 수 있는 자격을 갖게 되며, 병원에 근무하는 경우가 대부분이다. 대학병원에서 진료하는 의사 중에 같은 과에 근무하는 의학지식이 뛰어난 두 분의 의사가 있다. 한 분은 검증되고 안전한 치료법을 위주로 위험성을 최소화하는 치료를 하는 '안정형 의사'이고, 다른 분은 검증 과정에 있으며 치료 효과가 높은 신약 등 새로운 치료법을 도입하려고 노력하는 '도전형 의사'이다. 본인이라면 어떤 의사가 되고 싶은가? 선택한 이유는 무엇인가?

■ 추가 질문

① '안정형 의사'라고 답변한 경우

검증된 치료기술만 사용한다면 새로 개발되어 치료 효과가 높은 의술을 환자에게 늦게 사용하게 된다. 세월이 지나서 판단해 보았을 때 좋은 치료법을 늦게 도입해서 환자가 사망한 경우가 생겼을 수도 있다. 이럴 가능성에 대해 어떻게 생각하는가?

② '도전형 의사'라고 답변한 경우

검증되고 안정성이 확보된 치료기법이 아닌 새로운 치료법을 추구하다 보면 환자가 임상시험

대상이 되고, 부작용이 생길 가능성이 있다. 이럴 가능성에 대해 어떻게 생각하는가?

■ 예시 모범답안

① '안정형 의사'라고 답변한 경우

검증된 치료법을 위주로 부작용과 위험성을 최소화하는 진료를 하는 의사가 환자에게 좋은 의사이다. 환자에게 새로 개발된 신약을 투여하고 부작용이 생긴다면, 그 피해는 환자가 다 받게 된다. 환자의 안전이 우선인 진료가 최선의 진료이다. 질병에 대한 치료법은 계속 개발되고 세월이 지나면 안전하고 검증된 치료법이 확립될 것이다. 시간의 문제이지 결국 현재의 새 치료법도 미래에는 사용될 것이므로 현재 기준에 맞추어 안정화된 진료를 하는 것이 의사로서 임무를 제대로 하는 것이다.

② '도전형 의사'라고 답변한 경우

의학지식은 계속 발전하고, 새로운 치료법은 끊임없이 나오고 있다. 나중에 나오는 치료법일수록 과거의 치료법보다는 치료 효과도 높고 안전한 치료법일 가능성이 높다. 단지 많은 임상 환자를 통한 검증이 덜 되어 있을 뿐 신약개발 과정 또는 치료법의 개발과정에서 수행하는 임상시험에서 통과된 치료법을 사용하는 것이다. 혁신적인 치료법에는 항상 임상시험이 필요하고 환자가 대상이 되어야 한다. 누군가 이러한 시험에 참여해야 의학발전이 이루어지고 새로운 치료법이 검증되어 널리 쓰이게 된다. 의사가 위험성 높은 치료법을 사용하겠는가? 위험성을 감수하고라도 환자에게 꼭 필요한 치료이기 때문에 권유하고 치료에 이용하는 것이다.

2016학년도 수시모집 학생부종합전형 면접고사

의학계열(의예, 한의예, 치의예) – 11월 29일(일) 오후

■ 출제개요

본 문제는 직업 중 하나인 의사가 본인의 업무에 충실하면서도 환자를 치료하는 데 대하는 방향이 달랐을 때, 어떤 의사가 환자에게 좋은 의사인가를 학생에게 판단하게 하는 문제이다. 새로운 치료법을 선호하는 의사와 안정성을 추구하는 진료를 하는 의사 중 학생이 어떤 의사가 되기를 원하는가를 묻는 말과 실제 의료현장에서는 환자가 의사가 권유하는 치료를 받아들이지 않고 다른 치료방법을 원하거나 치료를 거부하는 경우가 있다. 이런 상황에서 학생이 의사라면 어떻게 대처하는 것이 좋은가에 대하여 의료윤리나 도덕적 판단을 고려하며 논리성 있고 체계화된 답변을 제시하는지를 통해 직업 적합성을 확인하고자 하였다. 이 문제는 [생활과 윤리] (천재교육, p.30~35) (미래엔, p.210~212)를 중심으로 응용하여 출제되었다.

■ 문제 ❷

환자는 올해 58세의 어느 회사 부장으로, 업무상 담배와 술도 많이 하고 있었다. 몇 주 전 종합

건강검진에서 시행한 가슴 방사선 검사에서 덩어리가 발견되었고, 컴퓨터단층촬영(CT)과 조직 검사에서 악성 종양으로 확진되었다. 의사가 환자에게 종양이 시간이 지남에 따라 커질 가능성이 높아 빠른 수술이 필요하다고 말했다. 수술 후에는 신경 손상으로 인해 목소리가 잘 안 나오고 호흡장애가 생길 가능성이 높다고 하였다. 의사는 수술이 잘되면 환자에게 수명은 어느 정도 연장할 수 있다고 하였다. 이 수술 며칠 전에 환자는 의사를 찾아가서 "선생님, 수술을 몇 달만 연기하고 싶어요."라고 하였다. 이유를 물어보니 '임상시험이 진행 중이며 효과가 있을 것으로 기대되지만, 부작용의 위험성도 있다고 알려진 항암 신약시험에 자원해서 치료를 해보고 다시 오겠으니 그때 종양이 더 자라는지 아닌지 확인해 달라'고 하였다. 의사가 보기에 환자는 언어장애와 호흡곤란과 같은 수술 후 장애로 삶의 질이 떨어지는 것을 매우 우려하고 있는 것 같았다. 빠른 수술이 필요한 암환자의 생명연장을 위해 '수술을 권유'해야 하는가? 아니면 항암 신약시험에 자원한 '환자의 의견을 존중'해서 몇 달 후에 다시 치료방법을 정해야 하는가?

■ 추가 질문
① '수술 권유' 답변의 추가 질문
의사의 권유에 따라 수술한 후에 호흡곤란, 통증 등 삶의 질을 떨어뜨리는 증상이 나타나서 환자가 심한 고통을 호소할 수 있다. 수술을 권유하는 것이 옳은 판단인가?

② '환자의 의견 존중' 답변의 추가 질문
의사는 최선을 다해 환자의 병을 치료해야 하는데, 의료 비전문가인 환자의 주장에 따라서 치료를 연기하는 것이 의사로서 올바른 행동이라고 생각하는가?

❸ 경희대학교 학생부종합전형 네오르네상스전형(2015) 면접문제

[인문계열 − 10월 25일(토) 오전]

문제 ❶ 현대 민주주의 제도하에서 의사결정은 다수결의 원리를 기반으로 이루어진다. 그러나 다수결의 원리에 따른 의사결정이 바람직한 결과를 가져오지 못한 경우도 존재한다. 따라서 다수결의 원리에 입각한 의사결정이 최상의 의사결정이 아니라는 비판적 견해도 등장한다. 이에 대한 의견을 말하시오.

[추가질문] ① 최상의 의사결정이라는 의견에 대한 추가 질문

히틀러의 집권 및 총통 취임과 고대 그리스의 중우정치 역시 다수결의

원리에 기반을 두었다.

이럼에도 다수결의 원리에 의한 의사결정이 최상의 의사결정인가?

② 최상의 의사결정이 아니라는 의견에 대한 추가 질문

다수결에 기반을 둔 의사결정이 좋은 결과를 가져오게 할 방안은 무엇이 있는가?

문제 ❷ 최근 세월호 사건의 발생원인 중 하나로 우리 사회의 부정과 부패문제가 제기되고 있다. 사회의 부패를 청산하고 방지하는 일은 왜 중요하며, 어떻게 이루어질 수 있는가?

[추가질문] 국가 청렴도가 높을수록 국민소득(혹은 국가경쟁력)이 높은 이유는 무엇인가?

[인문계열 – 10월 26일(일) 오전]

문제 한국인들은 서로 친밀해지면 장유유서의 기준에 따라 예컨대, 형(누나, 언니), 동생 등과 같은 유사 가족주의적 서열을 따르는 인간관계를 맺는 경향이 강하다. 이러한 유사 가족주의적 인간관계는 한국 사회의 발전을 위해 앞으로도 계속해서 권장되어야 할 유익하고 바람직한 인간관계의 유형인가?

[추가질문] ① '유익하거나 바람직하다.'라고 답변한 경우

글로벌화와 다문화주의가 일반화되는 추세에서도 한국식 유사 가족주의적 인간관계 유형이 계속 권장될 수 있을 것인가?

② '유익하거나 바람직하지 않다.'라고 답변한 경우

이러한 한국 사회의 유사 가족주의적 인간관계 유형을 바꿀 방안은 무엇인가?

[의학계열(의예, 한의예, 치의예) – 10월 26일(일) 오후]

문제 최근 대한민국 정부에서 에볼라 바이러스 감염국가에 의사를 보내기로 하였

다. 학생 본인이 의사라면 자원해서 갈 것인가? 선택한 이유는?

[추가질문] ① 간다는 답변의 추가 질문

에볼라 바이러스 감염국가에 파견된 의사가 바이러스에 감염되었다. 감염된 의사를 국내로 들어오게 해야 하는가?

② 안 간다는 답변의 추가 질문

의료인이라면 본인의 위험이 있어도 인도적인 봉사를 해야 하는 것 아닌가?

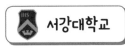

서강대학교 학생부종합전형은 자기주도형, 일반형, 고른기회, 사회통합, 특성화고교졸업자(정원 외)로 이루어진다.

[일반형]

전형방법 서류종합평가 100%(학교생활기록부, 자기소개서, 추천서)

※ 수능 응시과목과 최저점 기준 적용

지원계열	수능 필수응시영역	수능 최저학력기준
전 계열	국어, 수학, 영어, 탐구(사회/과학), 한국사	국어, 수학, 영어, 탐구(사회/과학) 4개 영역 중 3개 영역 각 2등급 이내, 한국사 4등급 이내

[자기주도형]

전형방법 서류종합평가 100%(학교생활기록부, 자기소개서, 추천서, 학교생활보충자료(선택)

※ 최저학력기준 미적용

[알바스트로창의전형]

전형방법 1단계 : 서류종합평가 100%(학교생활기록부, 자기소개서, 추천서. 학교생활보충
　　　　　　　자료(선택)

　　　　　　2단계 : 1단계 평가 80% + 면접 20%

CAU 중앙대학교

　중앙대학교 학생부종합전형은 다빈치형인재전형과 탐구형인재전형, 고른기회전형, 사회
통합전형이 있다. 2018년에는 다빈치인재전형에 이어 탐구형인재전형도 면접을 실시한다.

[다빈치형인재전형/탐구형인재전형]

전형방법 1단계 : 서류평가 100%(학교생활기록부, 자기소개서, 교사추천서)

　　　　　　2단계 : 1단계 평가 70% + 면접평가 30%

　　　　　　※ 예체능계열 일부학과(문예창작, 디자인학부)에서도 학생부종합전형으로 선발

평가기준 학생부종합전형 다빈치형인재 전형은 학교생활기록부, 자기소개서, 교사추
　　　　　천서를 근거로 지원자의 학교생활에서 학업과 교내 다양한 활동을 통해 균형
　　　　　적으로 성장한(성장 가능성) 인재를 종합 평가하여 선발. 탐구형인재 전형은
　　　　　학교생활기록부, 자기소개서, 교사추천서를 근거로 지원자의 전공분야에서
　　　　　탐구능력을 보인 경험, 전공분야의 학업 잠재력, 학교생활 충실성 등을 종합
　　　　　적으로 평가.

면접평가 학업준비도, 인성 및 의사소통능력, 서류의 신뢰도 등을 종합적으로 평가하
　　　　　는 개인별 심층면접

1 중앙대학교 학생부종합전형 면접기출문제

【제시문】

(가) '작은 티베트'라고 불리는 라다크는 서부 히말라야 고원의 황량하지만 아름다운 고장이다. 빈약한 자원과 혹심한 기후에도 불구하고 라다크는 검소한 생활과 협동, 그리고 무엇보다 깊은 생태적 지혜를 통해 천 년 넘게 평화롭고 건강한 공동체를 유지해왔다. 물질적으로 풍족하지는 않지만 아무도 가난하다고 느끼지 않고 긴밀한 가족적, 공동체적 삶 속에서 사람들이 정서적, 심리적으로 안정을 누리며, 여성들과 아이들, 노인들이 존경받는 사회의 생생한 모범을 라다크는 보여주었다. 그러나 이 사회에 인도 정부의 결정으로 현대 과학기술이 적용되는 '개발'이 시작되었고 이로 말미암아 환경 파괴와 사회적 분열이 생겨나기 시작했다. 과거 라다크에서의 전통적인 방법으로 땅을 갈면 시간이 오래 걸린다. 트랙터로 반시간이면 할 수 있는 1에이커를 가는 일이 반나절이 걸릴 것이다. 그러나 진실은 새로운 빠른 기술이 결국은 시간을 절약하지는 않는다는 것이다. 전통적인 경제에서 시간은 넉넉했고 오직 계절의 변화에 의해서만 제한을 받았다. 할 일이 아무리 많더라도 생활은 인간적인 속도로 진행되었고, 누구든지 인내심을 가질 여유가 있었다. 그와는 대조적으로 과학기술로 무장한 현대 경제는 시간을 사고팔 수 있는 상품으로 바꾸어 놓았고, 갑자기 시간은 물량화되고 잘디 잔 조각으로 나누어졌다. 시간은 값비싼 물건이 되었고, 사람들이 시간을 절약하는 새로운 기술을 갖게 됨에 따라 삶의 속도는 더 빨라졌을 뿐이다. 이제 라다크 사람들에게는 서로를 위하거나 본인들을 위한 시간이 적어졌다. 마르카 계속에서 온 한 친구가 한 말이 모든 것을 요약하고 있다. "나는 이해할 수 없어요. 수도에 사는 나의 언니는 일을 더 빨리해주는 온갖 것들을 가지고 있어요. 옷은 상점에서 사기만 하면 되고 지프, 전화, 가스쿠커를 가지고 있어요. 이 모든 것이 그토록 시간을 절약해주는데도 언니를 만나러 가면 나랑 이야기할 시간도 없대요."

대중매체를 통한 문화적 집중현상도 역시 커가는 불안정성뿐만 아니라 수동성을 조장한다. 전통적으로 춤추거나 노래하기, 연극이 풍부했다. 모든 사람이 함께 즐겼다. 불 주위에 모여 앉았을 때, 걸음마를 시작한 꼬마들도 도움을 받아 함께 춤을 추곤 했다. 누구나 노래를 부르고 연극을 하고 곡을 연주할 줄 알았다. 이제 라다크에 라디오가 들어와서 사람들은 스스로 노래를 부르거나 이야기를 하는 대신 앉아서 훌륭한 가수의 노래나 훌륭한 이야기꾼의 이야기를 들을 수 있다. 사람들이 곡을 연주하고 함께 춤을 추는 대신에 수동적으로 가만히 앉아서 최고의 것만을 듣기만 할 때 공동체의 결속도 또한 부서져 버린다.

(나) 정보기술은 사회적 변화에 긍정적인 역할을 할 것이다. 사회 조직의 원리가 위계적인 피라미드형 구조에서 네트워크형으로 전환될 것이다. 산업사회의 전형적인 조직 원리가 관료주의적, 중앙집권적, 권위주의적 획일성이었다고 한다면, 전환화 사회에서는 분권적, 평등주의적이며 다양화와 소규모화 등의 원리가 지배하게 됨으로써 모든 부분 간의 연결이 정보 네트워크에 의해 이루어진다. 정보화 사회에서의 뉴미디어는 대중매체의 혜택을 제대로 누릴 수 없었던 정보, 문화 소외 지역의 사람들에게도 고품질의 정보와 문화 생산물을 즐길

수 있도록 해줄 수 있다. 동시에, 뉴미디어 기술을 통하여 다양한 개인의 문화적 기호를 만족시켜 줄 수 있는 개인의 문화가 등장하게 된다. 뉴미디어의 등장과 더불어 다매체, 다채널 시대로 접어들고 있으며 그만큼 개인의 선택 폭도 넓어지게 되었다.

(다) 현대 사회 변동의 중심적인 원인은 기술적 진보이며 기술적 혁신은 필연적인 경로를 따라간다. 디지털 기술이 출현하여 새로운 문명을 창출하고 있으며, 그것은 누구도 피할 수 없는 운명적인 현실이다. 디지털은 거대한 문명의 흐름이기도 하다. 대화의 방법이 달라지고, 비즈니스의 패턴도 바뀌었다. 가정에서, 직장에서 삶의 방식과 사고의 패러다임까지 변하고 있다. 산업혁명 이후에 등장한 여러 테크놀로지들이 사회 변화를 주도한 것을 상기하여 볼 필요가 있다. 증기기관이 산업혁명을 일으켰고, 인쇄술이 종교혁명을 이끌어 냈으며 컴퓨터와 인터넷은 우리의 일상을 그 이전과는 비교할 수 없을 정도로 변화시켰다.

(라) 기술에 대한 아이디어가 현실화되기 위해서는 재원의 뒷받침이 있어야 한다. 그 재원은 그 전의 구상으로부터 생산된 상품을 개인이나 조직이 구매한 결과로 생긴 이윤이며, 어떤 상품이 판매된다는 것은 그것이 자본에 의해 가치 있는 것으로 수용되었음을 의미한다. 대자본의 이해가 기술의 발명, 도입, 활용에 관철되고 있으며, 기술은 결국 자본주의 체제를 유지하는 데 기여할 것이다. 즉, 주요한 기술의 발전과 확신이 자본의 이윤 획득, 시장 장악, 노동 통제를 위해 이루어진다.

(마) 기술은 하나의 사회적 맥락에서 이루어지는 사회적 구성으로 이해되어야 한다. 하나의 기술에 대한 정의는 그 기술이 해결하려고 하는 과제에 대한 정의에 달려 있다. 이것은 사회적 문제이지 기술적 문제가 아니다. 물론 기술은 많은 것을 해낼 수 있는 잠재력이 있지만, 그 선택 과정은 사회적이어야 한다. 왜냐하면, 기술 자체에는 그것이 무엇에 가장 적합한지, 그것이 무엇을 위해 필요한지를 확실하게 말해주는 어떤 것도 존재하지 않기 때문이다. 그것이 진화하는 방식은 사람들이 그것을 가지고 어떤 과제를 해결하려고 하는가에 달려 있다.

문제 ① 제시문(다), (라), (마) 중 하나의 입장에 근거하여 제시문(가)의 라다크 지역에서 현재까지 발생한 문제의 원인과 향후 이 지역이 어떻게 변화할 것인지에 대해 설명하시오.

문제 ② 제시문(가)에 나타난 라다크 지역의 문제에 대한 해결책을 제시문(나)의 입장에서 사례를 들어 제시하시오.

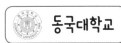 동국대학교

동국대학교는 2018년도 학생부교과전형을 폐지하고 학생부종합전형(Do Dream)을 확대했다.

[Do Dream]

전형방법 1단계 : 서류종합평가 100%(학교생활기록부, 자기소개서), 3배수 선발

2단계 : 1단계 평가 70% + 면접평가 30%

※ 수능 최저조건 미적용

평가기준 서류평가는 학교생활충실도를 바탕으로 한 학업역량, 전공관심도, 인성 등을 종합평가를, 면접평가는 서류 내용을 기반으로 발전가능서, 전공적합성, 인성 등을 종합평가

면접평가 2인의 입학사정관이 제출서류를 바탕으로 10분 내외의 개별면접

② 동국대학교 학생부종합전형(두드림전형) 면접문제

문제 ❶ 한국사회의 주요 흐름으로 저출산과 지식정보 사회의 도래를 들 수 있다. 흔히 저출산은 국가의 경제적 경쟁력을 약화시킨다고 한다. 한편 지식정보 사회의 핵심인 지식기반 산업은 이를 강화시킨다고 한다. 국가의 경제적 경쟁력에 대한 이 두 가지 견해의 근거를 말해보시오.

문제 ❷ 현대인은 스마트폰, 컴퓨터, 인터넷 등이 보편화된 정보기술기반 사회에 살고 있다. 사람들은 디지털 정보기기를 능숙하게 활용함으로써 본인 스스로가 이전보다 훨씬 똑똑해진다는 생각을 가지는 경향이 있다. 인터넷 미디어 활용을 통해서 신속한 정보 획득, 다양한 지식 접속, 효율적인 문제 해결 방법 탐색 등이 가능하다는 것이다. 그러나 이에 대한 반론도 제기되고 있다. 인터넷 미디

어 활용의 부정적인 측면을 사고방식, 글 쓰는 법, 의사소통의 측면에서 설명
하시오.

문제 ❸ 한국 사회에서는 청년실업이 심각하기 때문에 이들을 위한 일자리를 마련하는
것이 시급하다는 의견이 있다. 그러나 외국인 노동자들이 많이 증가하고 있는
점을 들어, 일자리가 부족한 것은 아니라는 주장도 있다. 청년실업과 외국인
노동자 증가현상의 원인을 설명하고 서로 관계가 있는지 논하시오. 그리고 이
를 바탕으로 청년실업과 외국인 노동자에 대한 전망을 제시하시오.

문제 ❹ 다문화사회로 인하여 개인의 종교적 믿음과 국가 법질서 유지 차원 간의 첨예
한 갈등이 발생할 수 있다. 아래의 사례에 나타난 경찰 행동에 대한 찬성과 반
대의 관점을 다문화사회의 관점에서 제시하시오.

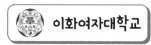
이화여자대학교

이화여자대학교도 학생부위주(종합)전형 선발 인원이 확대되었다. 이화여자대학교의 학
생부위주(종합) 전형은 미래인재전형, 고른기회전형, 사회기여자전형이 있다.

[미래인재전형]

전형방법 1단계 : 서류평가 100%, 4배수 선발

2단계 : 1단계 평가 80% + 면접 20%

※ 미래인재전형은 수능 최저학력기준 적용

1 이화여자대학교 학생부종합전형 면접문제

문제 ❶ 우리나라 말에서 존칭어와 우리나라 문화 간의 상관관계 3가지를 말하고 근거

를 이야기해보시오.

문제 ❷ 다른 문화를 수용할 때 바람직한 태도와 근거가 되는 사례를 이야기해보시오.

문제 ❸ 조선중화주의에 대한 내용을 요약하고, 그 배경과 기능을 설명하시오.

❷ 이화여자대학교 학생부종합전형 인성면접 면접문제

문제 ❶ 본인의 인성, 성격 등 전반적인 것을 나타낼 수 있는 사례에 관해 이야기해보시오.

문제 ❷ 자기소개서에 있는 본인의 성장배경에 관해 이야기해보시오.

문제 ❸ 우리 학교에 입학하기 위해 본인은 어떤 노력을 기울여왔는가?

문제 ❹ 공존이란 무엇이라고 생각하는가?

문제 ❺ 정치외교학과에 합격한다면 앞으로 어떤 공부를 하고 싶은가?

문제 ❻ 고등학교 재학 시 동아리를 하면서 느낀 점과 배운 점이 무엇인지 이야기해보시오.

 건국대학교

건국대학교의 대입전형의 가장 큰 변화는 수시모집 확대와 정시모집의 축소이다. 수시전형 중에서도 학생부종합전형이 확대되었다. 건국대학교의 학생부종합전형인 KU 자기추천전형이다.

[KU 자기추천전형]

전형방법 1단계 : 서류평가 100%, 3배수 선발

2단계 : 1단계 서류 40% + 면접평가 60%

※ 수능 최저학력기준 미적용, 해외고 졸업생 지원 가능

평가기준 학교생활기록부(교과/비교과), 자기소개서를 근거로 KU 종합평가시스템을 활용하여 전형자료를 평가지표에 따라 정성평가. 즉, 서류평가는 학업역량, 전공적합성, 인성, 발전가능성을 중심으로 평가.

면접평가 제출서류 기초 개별면접, 인성 중심 학교생활 충실성 종합평가. 면접내용은 서류 진위여부확인 및 인성평가.

1 건국대학교 학생부종합전형(KU 자기추천전형) 면접문제

문제 ❶ 어떤 분야에서 활동하고 싶은가?

문제 ❷ 학교에 입학해서 하고 싶은 일은 무엇인가?

문제 ❸ 그동안 살아오면서 내가 선택한 일을 바꿀 수 있다면 무엇을 바꾸고 싶나?

문제 ❹ 우리 대학 외에 또 어느 대학에 지원했는가?

문제 ❺ 지원 대학을 먼저 결정했는가? 지원 학과를 먼저 결정했는가? 대학과 전공을 선택할 때 본인이 가장 많이 고려한 부분은 무엇이며 그 이유는 무엇인가?

문제 ❻ 인성과 전문성 중 어느 것이 더 중요하다고 생각하는가? 또 그렇게 생각하는 이유는 무엇인가?

문제 ❼ 수험생 본인이 생각하는 성공과 사회에서 말하는 성공이 같은가? 또 이다음에 본인의 전공 분야에서 본인이 성공한 모습은 어떤 모습일 것 같은가?

문제 ❽ 국내와 국외 중 어떤 사람들을 돕는 것이 더 바람직하다고 생각하는가?

문제 ❾ 학업 외에 본인이 선택해서 노력한 부분이 있다면 무엇인지 이야기해보시오.

문제 ❿ 수험생 본인의 전공역량은 무엇이라고 생각하는가?

문제 ⓫ 왜 수의사가 되고 싶은가? 그리고 우리 학교 수의과에 진학하기를 희망하는 이유는 무엇인가?

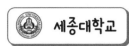 세종대학교

세종대학교 학생부종합전형인 창의인재전형, 고른기회전형, 사회기여 및 배려자 전형이 있다. 창의인재전형은 국내고 졸업생으로 제한하고 있다.

[창의인재전형]

전형방법 1단계 : 서류평가 100%, 3배수 선발

2단계 : 1단계 평가 70% + 면접평가 30%

평가기준 서류평가는 학교생활기록부와 자기소개서를 중심으로 정성평가. 학교생활기록부에서 교과 영역과 비교과 영역 모두 평가.

면접평가 2~3명의 평가위원이 학생 1명을 대상 개별 인성면접으로 진행되며, 전공적합성, 발전가능성, 인성, 의사소통능력을 중심으로 평가.

1 세종대학교 학생부종합전형(2015) 면접문제

문제 ❶ 원자력발전소보다 신재생에너지가 낫지 않은가?

문제 ❷ 본인을 표현하면 어떤 사람인가?

문제 ❸ 평소 친구 관계는 어떤가?

문제 ❹ 본인의 장단점은 무엇인가?

문제 ❺ 기억에 남은 문학작품은 무엇이고 그 이유는 무엇인가?

문제 ❻ 좋아하는 과목과 싫어하는 과목은 무엇인가? 그리고 그 이유는 무엇인가?

문제 ❼ 졸업 후 진로 계획은 어떻게 되는가?

문제 ❽ 본인이 한 봉사를 경험을 바탕으로 이야기해보시오.

문제 ❾ 우리에게 창의력을 보여줄 수 있다면 지금 어떻게 보여줄 수 있는가?

 **국민대학교**

국민대학교의 학생종합전형은 국민프런티어전형과 학교장추천전형이 있다.

[국민프런티어전형]

전형방법 1단계 : 서류종합평가 100%(3배수 선발),

2단계 : 1단계 평가 70% + 면접평가 30%

평가기준 서류종합평가는 학교생활기록부와 자기소개서를 근거로 자기 주도성 도전
정신(발전 가능성), 전공적합성(전공 잠재력, 학업능력), 인성(공동체 의식 및 협동
능력)을 평가.

면접평가 수험생 1명과 평가위원 3인이 참여하는 개별면접. 평가문항은 제출 서류를
토대로 수험생별 맞춤형 문항이고, 평가항목은 서류종합평가와 같음.

[학교장추천전형]

전형방법 서류종합평가 70% + 학생부교과 30%

1 국민대학교 학생부종합전형(2015) 면접문제

문제 ❶ 빅데이터를 어디에 활용할 수 있는가?

문제 ❷ 노벨과학상 수상을 위해 기초과학에 투자해야 하는가?

문제 ❸ 3년 내내 꿈이 기자였던 이유는 무엇인가?

문제 ❹ 동아리에서는 어떤 활동을 했고 동아리에 가입한 이유는 무엇인가?

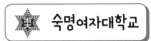 **숙명여자대학교**

[학생부종합전형]

전형방법 1단계 : 서류평가 100%,

2단계 : 1단계 평가 40% + 면접평가 60%

평가기준 교과영역과 비교과영역 모두 활용하며, 교과영역에는 석차등급, 과목별 세부
능력 및 특기사항 등 내용이 포함되고, 학업수행능력, 리더십과 팔로우십, 전
공적합성, 인성에 대해 자기소개서를 종합적으로 검토하여 정성평가.

면접평가 개별면접으로 10~15분간 진행되며 평가위원 2명으로 구성. 제출서류를 근
거로 전공적합성, 종합사고능력, 의사소통능력, 인성 들에 대해 종합적으로
평가할 수 있는 심층면접

1 숙명여자대학교 학생부종합전형(2015) 면접문제

문제 ❶ 최근 아프리카에서 확산하고 있는 에볼라 바이러스와 같은 전염성 질환에 걸
린 국민을 국내로 이송하여 치료하는 것이 적절한지, 아니면 국내전염을 막기
위해 해외에서 치료 후 귀국하게 하는 것이 바람직한지에 대한 본인의 의견을
피력해 보시오.

문제 ❷ 공연장, 지하철, 학교와 같은 공공장소에서의 무분별한 스마트폰 사용이 사회
적 문제가 되고 있다. 특정 공간에서 금연 구역과 같이 스마트폰 사용을 법으
로 규제하는 제도에 대해 어떻게 생각하는가?

문제 ❸ 최근 미국의 전기자동차회사가 자사의 주요 특허기술을 무료로 공개하였다.
기업이 보유한 핵심기술이나 특허를 공유하는 것과 독점하는 것 중 어떤 선택
이 그 기업의 성장에 더 도움이 될 것인가?

문제 ❹ 많은 중소기업이 외국인 노동자 고용 확대를 희망하고 있지만, 우리 정부에서

는 외국인 노동자의 고용 비율을 제한하는 쿼터제를 시행하고 있습니다. 이러한 정책에 대해 어떻게 생각하는가?

문제 ❺ 현재 대학수학능력시험은 교육방송(EBS) 강의와 특정 비율로 연계되어 출제되고 있다. 이러한 출제 방침에 대하여 어떻게 생각하는가?

문제 ❻ 최근 모 항공사가 승무원들에게 특별 지시 사항을 전달해 논란이 되고 있다. 이 지시 사항은 유니폼 착용 상태에서 "공공장소 이동 중 전화사용 금지", "커피 등 음료수를 들고 다니며 마시는 행위 금지" 등의 내용을 담고 있다. 이러한 기업의 개인행동 규제에 대해서 어떻게 생각하는가?

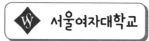 서울여자대학교

서울여자대학교 입학전형의 가장 큰 특징은 학생부교과전형이 신설되었고, 학생부종합전형이 인재상, 면접시기에 따라 '바롬인재전형', '플러스인재전형', '융합인재전형', '기독교지도자전형'로 구분된다. 바롬인재전형은 2017학년도 학생부종합평가전형과 유사하고, 플러스인재전형은 학업역량, 전공적합성, 인성, 발전가능성 등 네 영역 중 한 부분이라도 우수하여 발전이 기대되는 지원자를 선발한다.

[학생부종합전형]

전형방법 1단계 : 서류평가 100%

2단계 : 1단계 평가 60% + 면접평가 40%

※ 수능 최저학력기준 미적용

평가기준 지원자의 학교생활기록부, 자기소개서 등의 제출 서류를 근거로 학업역량, 전공적합성, 인성, 발전가능성 등을 종합적으로 평가한다.

평가위원 2인의 다대일 면접으로 면접관 2인이 지원자 1인을 대상으로 평가 요소에 대해 종합적으로 평가.

1 서울여자대학교 학생부종합전형(2016) 면접문제

[(2015.10.24. 오전) 〈인문사회계열〉]

※ 발표면접은 3분 내외로 앉아서 진행합니다. 면접 시 본인의 메모를 참고할 수 있습니다.

문제 지역개발은 국가정책 및 경제성장을 중시하는 견해와 환경보전을 중시하는 견해가 대립할 때가 많다. 다음의 사례도 이에 해당한다. 〈자료1〉과 〈자료2〉는 국제대회 유치에 따른 지역의 산악개발에 대한 찬성과 반대의 관점을 각각 보여주고 있다. 양측의 핵심적 주장을 말해보시오. 그리고 어느 쪽 입장이 타당하다고 생각하는지 밝히고 그 이유를 말하시오.

【제시문】

〈자료1〉 찬성의 입장

이 지역에서 국제대회가 개최된다고 하는 것은 국제사회에서 정해진 약속이다. 책임 있는 국제사회의 일원으로서 성공적인 대회를 위한 준비를 진행시켜야 한다. 이번 대회개최로 지역 브랜드가치뿐 아니라 대한민국의 국가이미지도 상승할 것이다. 무엇보다 내외국인 관광객의 소비지출에 따른 경제적 효과는 수천억 원에 이를 것으로 추산된다. 국제대회는 이러한 경제효과 외에도 다양한 국제 교류의 장이라는 의미도 있다. 글로벌 시대 대한민국의 국익을 위해서도 이 지역의 산악개발은 불가피하다.

스위스와 일본 등의 선진국은 산악을 이용한 부가가치를 창출해 왔다. 그에 비해 우리나라는 전 국토의 상당 부분이 산으로 이루어져 있지만, 산악을 활용한 부가가치의 창출이 매우 미흡하다. 산악을 개발한다고 해서 반드시 산악이 훼손되거나 환경이 파괴되는 것은 아니다. 이번에 실시한 이 지역의 환경영향평가 결과를 통해 볼 때 자연의 보전과 개발이 조화를 이루는 방식으로 개발이 가능할 것이다. 생태적 가치가 보호됨과 동시에 산악의 부가가치 또한 새롭게 창출되도록 할 것이다. 이런 측면에서 국제대회 후에는 1,000그루 이상의 나무를 이식할 것이고, 이를 통해 자연 서식지를 이전 상태로 복원할 계획이다.

〈자료2〉 반대의 입장

○○산은 명실상부한 남한 최고의 원시림이다. 대표적인 천연림 지대로 멸종위기에 놓인 자생식물과 약용식물 등의 증식 및 보호가 필요한 지역이다. 그뿐만 아니라 전국에서 제일가는 천연활엽수림과 희귀식물 등이 울창한 숲을 이루는 이곳은 조선 시대부터 몇백 년간 국가 보호림으로 지켜온 곳이다. 즉 생태적 보전가치가 매우 뛰어난 곳이라고 말할 수 있다. 산악개발 중에 토양을 처리하기 위해 사용되는 화학물질은 이 지역에 영구적인 손상을 남기게 될 것이다. 대회 후에 자연 서식지를 복원한다고 하는 것은 자연의 기본적인 생리를 잘 모르고 하는 말이다. 관계 당국은 이 지역 외에 다른 지역은 선택지가 될 수 없다고 말하고 있지만, 환경영향평가가 타당성이 있는지 밝혀야 한다. 환경 훼손을 최소화하면서도 대회개최지로 적합한 곳을 새롭게 조사해야 한다. 국제대회기간 중 경기장을 이용하는 기간이 채 3일이 되지 않고 연습 일정까지 포함해도 최대 8일이다. 이 짧은 일정을 위해 수백 년간 보호해오고 있는 산림을 훼손한다고 하는 것은 있을 수 없는 일이다. 친환경 국제대회라고 하는 구호와도 맞지 않는다. 어떻게 하는 것이 진정으로 국가이익에 부합하는 일인지 현명하게 판단해야 할 때다.

[(2015.10.24. 오전) 〈인문사회계열〉 해설]

1. 출제의도

국가가 추진하는 불가피한 환경개발 정책과 생태와 환경의 보전이라고 하는 첨예한 갈등의 문제를 생각해 보고 합리적 대안을 모색하도록 한 문제이다. 이해관계가 엇갈리는 사안일수록 자기만의 입장을 주장하기 쉬운데 본 문제를 통해 본인의 입장을 가지면서도 상대 측의 입장에 대한 합리적 비판을 할 수 있을 것이다. 구체적으로 이 문제는 ① 찬성 측과 반대 측의 내용을 읽고 각각의 입장에서의 핵심적 주장을 논리적으로 분석하고 ② 상대편의 입장을 합리적으로 비판하면서도 상대편 입장에 대한 이해를 나타낼 수 있는 능력을 평가하고자 한다.

2. 가능한 답안 예시

1) 산악개발에 대한 찬성과 반대에 대한 핵심적 주장

　① 개발에 대한 입장
　　• 당위성과 필요성 측면에서 답하면 됨
　　　－ 약속이므로 반드시 지켜야 한다.
　　　－ 수천억 원의 경제적 효과가 발생할 것이다.
　　　－ 지역 및 국가이미지가 상승할 것이다.
　　　－ 다양한 국제교류가 이루어질 것이다.
　　　－ 산악을 활용한 부가가치가 창출될 것이다.
　　　－ 국가 이익에 부합한다.

- 산악개발의 부당성과 불합리성 측면에서 답하면 됨
  - 생태적 보전가치가 매우 높은 지역이므로 개발을 해서는 안 된다.
  - 짧은 일정을 위해 조선 시대부터 국가 보호림으로 지정되어온 산림을 훼손할 수 없다.
  - 환경훼손을 최소화할 수 있는 곳으로 개최지 이전을 검토해야 한다.
  - 국가 이익에 부합하지 않는다.
② 생태보전(환경)에 대한 입장
- 개발과 보전이 양립 가능하다는 측면에서 답하면 됨
  - 자연의 보전과 개발이 조화를 이룰 수 있다(환경영향평가의 결과).
  - 국제대회 이후 나무를 이식하여 복원시킬 것이다.
- 개발하면 보전은 불가능하다는 측면에서 답하면 됨
  - 영구적으로 생태적 가치가 손상될 것이다.
  - 환경영향평가의 결과를 신뢰하기 어렵다.

2) 제시된 두 입장 중 한 가지를 선택하여 어느 의견에 동의하는지 말하고 이유 설명
→ 찬성의 의견을 지지할 경우, 반대의 의견을 감안하여 본인의 입장을 설득력 있게 설명할 수 있어야 함
→ 반대의 의견을 지지할 경우, 찬성의 의견을 감안하여 본인의 입장을 설득력 있게 설명할 수 있어야 함

[(2015.10.31. 오전) 〈인문사회계열〉]

※ 발표면접은 3분 내외로 앉아서 진행합니다. 면접 시 본인의 메모를 참고할 수 있습니다.

【제시문】

누구나 인간답고 행복한 삶을 추구하며 산다. 우리의 삶의 질은 소득 증대와 같은 경제적 측면과 아울러 사회문화적, 심리적 측면 등과도 밀접한 관계가 있는 것으로, 삶의 질에 영향을 주는 요인은 다양하며 사람마다 삶의 질에 대한 관점도 다르다.

문제 삶의 질과 행복에 대하여 서로 다른 견해를 가진 아래 두 사람의 대화를 읽고, 삶의 질에서 본인이 중요하게 여기는 관점이 A와 B 중 어느 쪽인지 밝히시오. 그리고 그러한 관점을 선호하는 이유를 설명하시오.

【제시문】

〈자료1〉 삶의 질과 행복에 대한 두 사람의 대화

A : 남들이 보기에 객관적으로 부족함이 없는 삶이라고 해서 항상 행복하다고 할 수는 없어. 그런 것은 실제로 행복과 별로 관련이 없지. 물질적인 것보다는 본인의 삶에 보람과 만족을 느끼고 스스로에 대해 자존감을 느낄 수 있을 때 그 사람이 진정으로 행복한 사람이라고 생각해.

B : 누구나 잘 먹고 잘살기 위해 열심히 공부하고 일하는 거 아니야? 일차적으로 물질적 혹은 경제적인 삶의 조건이 충족되지 않는다면 어떻게 행복할 수가 있겠어?

A : 글쎄, 가족이나 친구와 정신적인 교류를 통해 사랑과 우정, 유대감을 형성하는 것이 얼마나 우리의 삶을 풍요롭게 하는가 생각해 봐. 가진 것이 많다고 해서 모두 행복하다고 할 수 있을까?

B : 집이나 소득, 직업 등의 조건을 어느 수준 이상으로 달성해야 행복이나 만족, 유대감과 같은 심리적 욕구가 중요해지는 거야. 나는 정신적인 행복이나 만족보다 물질적인 만족이 더 우선적이라고 생각해. 가난하지만 행복하다고 말하는 사람들의 말을 과연 그대로 믿을 수 있을까?

2. 세계의 여러 기관에서 매년 각 국가의 삶의 질에 대해 평가하여 발표하고 있다. 〈자료2〉에 제시된 11개 측정영역 중에서 본인이 가장 중요하다고 생각하는 영역을 2가지 고르시오. 그리고 그렇게 선택한 핵심적인 이유를 설명하시오.

〈자료2〉 2015년 OECD BLI(Better Life Index, 더 나은 삶의 지수)를 통해 본 한국인의 삶의 질 순위(총 36개국)

측정영역	측정지표	한국 순위
주거	기본시설이 없는 가구 비율/주거관련지출 비중/개인당 방의 수	20
사회적 관계	어려움에 부딪혔을 때 도움을 요청할 수 있는 친척, 친구 또는 이웃이 있다고 응답한 사람의 비율	36
교육과 기술	고등학교 이상 졸업자 비율/학생들의 지식수준/평균교육기간	7
환경의 질	대기의 깨끗한 정도/수질에 대한 만족도	28
소득과 부	1인당 연간 가처분 소득*/1인당 금융순자산*	24
국정운영에 대한 공공참여	투표참여율/규칙 제정 시 합의과정의 투명성	4
건강상태	평균 수명/건강상태에 대한 주관적인 평가	32
주관적 안녕	주관적인 삶의 만족도를 10점 만점으로 평가	29
직업과 근로소득	생산연령인구의 비율(취업률)/직업안정성(실직위험률)/1년 이상 장기실업률/노동자 개인소득	16
개인의 안전	범죄피해율/살인율(인구 10만 명당 피살자 수)	6
일과 삶의 조화	주당 평균 근무시간이 50시간 이상인 노동자의 비율/여가와 가족을 돌보는 데 쓴 시간	33
전체 삶의 질 순위		27

※ 표의 내용은 학생들의 이해를 돕기 위해 약간 수정되었음.

* 가처분 소득 : 개인 소득 중 소비·저축을 자유롭게 할 수 있는 소득을 말함.

* 금융순자산 : 금융자산 총액으로부터 부채 총액을 뺀 것을 일컬음.

 아주대학교

아주대학교의 대표적인 학생종합전형은 ACE전형(영어특기자전형), 자기추천전형이 있다.

[ACE전형(영어특기자전형)]

전형방법 1단계 : 서류종합평가 100%,

2단계 : 1단계 평가 70% + 면접평가 30%

※ 수능 최저학력기준은 의학과에서만 적용

면접평가 개인면접으로 2인 1조의 면접관이 수험생 1인을 면접.

1 아주대학교대학교 학생부종합전형아주 ACE 전형 **면접문제**

[사회과학 영역]

○○ 제약회사는 새로운 고혈압 치료제를 개발하였다. 개발된 신제품이 고혈압 환자들의 혈압을 얼마만큼 떨어뜨리는지 조사하기 위하여 아래와 같은 실험을 해보았다.

1. 100명의 환자를 두 집단(A/B)으로 나누고 각각 50명씩 무작위로 배치한다. 100명 모두 실험 전에는 고혈압 치료약을 복용하지 않는다고 가정한다.

2. 임상시험 전인 10월 1일 두 그룹 환자들의 혈압을 계측한다.

3. 10월 2일부터 11월 31일까지 약 두 달간, A그룹 환자들은 신제품 혈압치료제 캡슐을 1일 1회 복용하고, B그룹 환자들은 신제품과 모양만 동일하고 유효한 약 성분은 전혀 없는 캡슐을 복용하게 하였다.

4. 12월 1일, 두 그룹 환자들의 혈압을 다시 계측한다.

〈참고〉 혈압은 날씨가 추워지면 상승하는 경향이 있다. 실험결과, 각 집단의 평균 혈압은 다음과 같다.

그룹	10월 1일	12월 1일
A	160	150
B	150	160

문제 ❶ 위의 결과로부터 신제품 혈압약은 환자들의 혈압을 평균적으로 얼마나 감소시키는 효과가 있는지를 답하고 계산된 과정을 설명하라.

문제 ❷ 신제품을 투약하지 않는 B그룹을 이 실험에 포함하는 이유가 무엇인지 설명하라.

[영역]

〈자료1〉

⑴ 토끼 그림, ⑵ 호랑이 모양을 한 한반도 지도 그림, ⑶ 주둥이가 긴 오리 그림

〈자료2〉

까마득한 날에 하늘이 처음 열리고 어디 닭 우는 소리 들렸으랴 모든 산맥이 바다를 연모해 휘달릴 때도 차마 이곳을 범하지 못하였으리라 끊임없는 광음을 부지런한 계절이 피어선 지고 큰 강물이 비로소 길을 열었다. 지금 눈 내리고 매화 향기 홀로 아득하니 내 여기 가난한 노래의 씨를 뿌려라. 다시 천고(千古)의 뒤에 백마(白馬) 타고 오는 초인(超人)이 있어 이 광야에서 목 놓아 부르게 하리라

문제 ❶ 〈자료1〉의 ⑴과 ⑵를 비교하여 설명하시오.

문제 ❶ 문제 ①의 결과를 바탕으로 〈자료2〉의 시에 대한 본인의 견해를 말하시오.

학생부종합전형에 관한 담화

🎓 합격을 이끄는 학생부종합전형 전문강사의 역할

지금까지 살펴본 것과 같이 학생부종합전형에 합격하기 위해서 가장 중요한 것은 학생에게 맞는 학생부종합전형 전략과 이야기, 그리고 그 이야기를 구체적으로 현실화시킬 수 있는 능력이다. 이 부분에 대해 자세히 이야기하고자 하는 이유는 내가 아무리 학생부종합전형 합격의 노하우를 이 책을 통해 학생과 학부모들에게 공개한다고 해도 결론적으로 이 방법대로 학생부종합전형 준비를 할 수 있는 실천능력이 없다면 대학 합격의 꿈은 한낱 물거품에 지나지 않기 때문이다.

이 책의 내용을 집중해서 읽은 여러분들은 이해했겠지만, 학생부종합전형으로 대학에 합격하는 것은 결코 쉬운 일이 아니다. 거기다가 학생의 내신이 낮다면 학생부종합전형으로 대학을 가는 것은 사실상 더 어려운 일이다. 그러나 그동안 필드에서 입시를 가르치고 학생들을 만나오면서 학생부종합전형으로 대학에 가야만 하는 학생들이 꽤 많다는 것을 알 수 있었다. 수능점수가 안 나오고, 내신도 낮지만, 본인의 꿈을 위해 서울권 대학혹은 그 이상에 진학하고 싶은 학생들에게 학생부종합전형은 유일한 방법이다.

그러나 학생부종합전형을 제대로 가르치는 전문 강사가 많지 않다. 그 이유는 가르치는 과정이 매우 어렵기 때문이다. 한 학생의 성향을 파악하고, 그에게 맞는 입시 로드맵을 짜고, 그 로드맵을 현실화시킬 수 있는 활동들을 지도하고, 학생부종합전형에 들어가는 학교생활기록부, 자기소개서, 추천서, 진로활동, 자율활동, 봉사활동, 동아리활동, 프로젝트 등을 지도한다는 것은 절대 쉬운 일이 아니며, 신경을 정말 많이 써야 하는 일이다. 그리고 대한민국은 결과에 집중하는 나라이기 때문에 열심히 가르쳐도 결과가 나오지 않는다면 그야말로 '꽝'이므로 결과를 만들어 내는 것 또한 중요하다.

가르치기 어려운 것, 손이 많이 가고 신경이 많이 쓰이는 일, 결과가 나와야 하는 일, 여기에 한 가지 더 보태면 성적이 좋지 않은 학생들학생부종합전형 준비가 하나도 안 되어 있는 학생들을 가르쳐서 대학에 보내는 일이 바로 내가 10년간 해온 일이다.

🎓 학생부종합전형에서 학교 교사의 역할

STEP 02에서 살펴봤듯이 재학생들의 경우, 학생부종합전형으로 대학에 합격하기 위해서는 학교생활기록부를 전략적으로 만들어가야 한다. 내신이 좋지 않은 학생이 서울권 대학에 합격하기 위해 학생부종합전형을 준비한다고 한다면, 고등학교 3년 동안 전략을 가지고, 학생부종합전형을 꾸준히 준비하는 것이 중요하다. 하지만 대부분의 일반고에서는 이러한 준비가 전무한 상태이다.

고등학교에서 강연회를 하다 보면 참으로 안타까운 생각이 들 때가 한두 번이 아니다. 그것은 조금만 가르쳐주고 함께 준비하면 학생부종합전형으로 대학에 합격하여 본인의 꿈을 이룰 가능성이 보이는 학생들을 여럿 볼 수 있었기 때문이다. 문제는 학생부종합전형에 대하여 잘 모르기 때문에 학교 선생님, 학생들, 학부모들 모두 준비가 전혀 안 되어 있는 경우가 많았고, 학생부종합전형을 준비할 시기를 놓쳐 더는 손 쓸 수 없는 학생들도 많았다. 내가 처음 입학사정관제 전문 강사를 시작했던 10년 전과 비교했을 때 학생부종합전형에 대하여 달라진 것이 거의 없다. 10년 전과 비교해 조금 달라진 게 있다면 학생부종합전형에 대한 정책 정도이고, 실질적인 학생부종합전형 준비 방법은 10년 전과 비교해 하나도 변한 것이 없으니 참으로 안타까운 현실이다.

이러한 현실 속에서 교사의 역할이 매우 중요해졌다. 앞에서 살펴봤듯이 재학생들이 학생부종합전형으로 대학을 갈 때 가장 중요한 학교생활기록부가 담임 및 교과목 교사의 역량에 따라 달라지기 때문이다. 올바른 학교생활기록부는 학생에 대한 정확한 파악에서 나온다. 단순히 학생 외관에 대하여 파악하는 것이 아니라, 학생 개개인의 내면과 능력을 파악해야 올바른 학교생활기록부를 작성할 수 있다. 하지만 막상 학교 현장은 그렇지 않다. 학생부종합전형에 대해 신경을 안 쓰는 것은 아니지만, 학생부종합전형의 혜택은 내신이 좋은 학생들에게 돌아가고, 그 피해는 고스란히 내신이 좋지 않은 학생들에게 돌아간다. 이것이 현재 대한민국 수시와 학생부종합전형의 현실이다.

'너는 내신이 안 좋으니까 안 돼.', '너는 공부를 못하니까 학생부종합전형을 쓸 수 없어.'라고 이야기하는 것은 잘못됐다. '너는 이러이러한 부분이 무슨 대학 무슨 학과의 학생부종합전형 합격 기준에 부합되지 않으니, 이런 부분을 더 준비해서

○○ 대학에 원서를 넣도록 하자.', '너는 내신은 안 좋아도 ○○ 대학 ○○ 학과의 학생부종합전형 기준에는 부합하니 내신을 더 열심히 올려서 꼭 ○○ 대학 ○○ 학과 학생부종합전형에 합격하도록 노력해 보자.' 적어도 아이들을 가르치는 교사라면, 이렇게 이야기해야 한다. 하지만 현실은 그렇지 않으며, 내신 성적이 좋은 아이들만을 학생부종합전형 입시 대상으로 정하여 관리하고 있다. 이유는 간단하다. 아이들의 재능과 성향을 하나하나 파악하여 학생부종합전형 입시 계획을 세우고 준비시키려면 시간과 노력이 많이 드는 데다가, 어떤 기준과 관점으로 학생부종합전형 준비를 시켜야 하는지, 대학의 학생부종합전형 선발 기준이 무엇인지 교사들도 잘 모르기 때문이다.

🎓 1등급도 떨어지는 학생부종합전형

내신 성적이 좋아야 학생부종합전형으로 대학에 합격할 수 있다는 생각은 내신 성적이 낮은 여러 학생이 학생부종합전형으로 대학에 합격할 수 있는 확률을 낮추고 있다. 학생부종합전형 입시 제도만 있고 준비 방법은 미약한 상황에서, 학생부종합전형 준비 방법을 잘 몰라 가능성 있는 저 내신 학생들은 알게 모르게 대학 합격 확률을 희생당하고 있다.

내신이 1등급이기 때문에 학생부종합전형으로 대학에 합격할 수 있는 것이 아니다. 비교과 역량이 없는데도 내신 성적이 좋다는 이유로 합격시켜 주는 학생부종합전형의 시대는 끝났다. 내신이 좋은 학생이 학생부종합전형으로 대학에 합격했다면, 그 학생은 내신도 좋고 본인이 희망하는 대학, 학과와 관련된 비교과 역량이 있었기 때문이다. 반대로 내신이 나쁜 학생이 학생부종합전형에 떨어졌다면, 그 학생은 내신도 좋지 않고, 대학, 학과에서 원하는 비교과 역량도 없었기 때문에 대학에 떨어졌다.

우리는 아직도 학생부종합전형에 대하여 이분법적인 생각에 사로잡혀 있다. 하지만 지난 10년간 학생부종합전형 입시를 치러가며 매년 바뀌어 온 학생부종합전형 트렌드를 읽어 온 전문가의 입장에서 말하자면, 학생부종합전형은 내신과 비교과의 중간선상에 있고 이 두 가지의 절묘한 앙상블이 있어야 원하는 대학에 합격할 수 있다. 그리고 여기서 이야기하는 대학의 내신과 비교과의 평가 기준은 객관적인 것이다.

학생부종합전형에서는 1등급도 떨어질 수 있고, 반대로 4등급도 합격할 수 있다. 심지어 검정고시와 해외고 출신 학생들 또 재수생들도 합격할 수 있다. 여기서 중요한 것은 '본인의 단점을 어떻게 장점으로 만들어 입학사정관들에게 보여주고 증명할 수 있는가'이다. 내신은 높은데 비교과 영역이 안 되어 있는 학생은 학업성적을 더 많이 평가하는 수시 전형을 찾아 지원해야 하며, 비교과는 잘되어 있지만, 내신이 다소 부족한 학생은 상대적으로 비교과역량을 많이 보는 골수骨髓 학생부종합전형을 골라 지원해야 한다. 내신이 부족한 경우 학생부종합전형의 대학별 평가 기준에 맞춰 본인의 내신을 보완할 수 있는 비교과 평가 역량을 만들어야 하며, 이렇게 했을 때 낮은 내신에도 불구하고 본인이 원하는 대학, 학과에 합격할 수 있다.

학생부종합전형에 대한 잘못된 생각과 관행들을 고쳐 나가야 한다

내신이 안 좋은 학생들이 학생부종합전형으로 대학에 합격하기 위해서는 학교 현장에 관행처럼 팽배해져 있는 학생부종합전형에 대한 잘못된 생각을 바로잡아야 한다. 실제로 높은 내신의 학생들만 학생부종합전형 입시에 합격하는 것이 아니며, 내신으로만 학생들의 당락이 결정되는 것이 아니다. 그럼에도 불구하고 학생부종합전형을 준비하고자 하는 학생들에게 준비의 기회조차 주지 않는 것은 잘못된 관행이며 학생의 권리가 침해받는 일이기 때문이다.

물론 학생부종합전형에 대하여 아무런 준비가 되어있지 않은 학생들이 갑자기 담임 선생님을 찾아가 원서를 써 달라고 하면 문제가 될 것이다. 하지만 고등학교 1~2학년 과정에서 학생부종합전형을 탐색하고 준비하고자 하는 학생들에게 학교는 차별 없이 학생부종합전형 준비 기회를 주고, 구체적인 학습방법을 알려주어야 하며, 학생들을 돕기 위해 최선을 다해야 할 것이다. 입시는 한 학생의 인생이 걸린 중요한 문제이기 때문이다.

학생부종합전형 최종합격 사례

🎓 숙명여자대학교 합격생 ○○○의 학부모

우리 아이는 어렸을 때부터 관광 분야에 관심이 많았다. 맞벌이였기에 매일 퇴근 시간이 늦었고 아이는 혼자 세계지도를 펼쳐 놓고 잠들곤 했다. 아이는 학교 친구들과 잘 어울리지 못하는 내성적인 성격 탓에 여러 번 자퇴를 결심했지만, 그때마다 고등학교는 나와야 한다며 아이를 말렸고, 성적은 점점 떨어졌다.

그러던 어느 날 아이는 서울권 대학에 갈 방법이 생겼다며 내게 전화번호가 적힌 쪽지를 건넸다. 현실적으로 내신 4등급인 우리 아이가 서울권 대학에 갈 방법이 있을까 반신반의하며, 건네준 번호로 전화를 걸었다. 그리고 권현 선생님과 한 시간 넘게 상담을 하며, 내가 여태까지 참으로 무지한 부모였다는 것을 깨닫게 되었다. 사실 그때까지만 해도 학생부종합전형으로 우리 아이를 대학에 보낼 수 있다고 믿지 않았다. 학생부종합전형은 뛰어난 아이들, 공부도 잘하고 스펙도 많은 아이만 지원할 수 있는 제도라고 생각했기 때문이다. 그러나 선생님과 통화를 하고 학생부종합전형에 대해 제대로 알지 못했다는 생각이 들었다.

며칠 뒤 아이의 자료를 들고 선생님을 찾아갔다. 우리 아이의 자료 분석을 끝마친 선생님은 서울권 대학의 학생부종합전형과 입시 요강을 자세히 설명해 주셨고, 우리 아이의 장점에 적합한 대학의 학생부종합전형을 추천해 주셨다. 미리 우리 아이의 장단점을 분석해서 관광학과에 관한 로드맵을 계획하고, 거기에 맞는 창의적 체험활동 역량을 구체적으로 계획하시는 선생님의 태도에 믿음이 갔다.

선생님은 우리 아이의 생각과 꿈이 구체화 되도록 지도해 주셨고, 학교생활기록부에 마치 적금이 쌓이듯 아이의 꿈과 그 꿈에 대한 구체적인 행적들이 차곡차곡 쌓이는 것을 보니 나 또한 뿌듯한 마음이 들었다. 그리고 무엇보다 수업을 갔다 온 날 아이의 표정은 항상 밝았다.

생각해 보면 주변에서 학생부종합전형에 대해 많이 왜곡해서 말하는 것 같다. 우리 아이는 특별한 스펙이 있거나 공부를 잘하는 편이 아니었다. 다만 우리 아이만의 확실한 이야기가 있었고, 그 이야기에 맞는 객관적인 준비 과정이 있었을 뿐이다.

결국 우리 아이는 꿈에 그리던 숙명여대에 합격할 수 있었다. 합격할 수 있었던 이유는 무엇보다 학생에 대한 선생님의 열정과 사랑이 아니었나 생각한다. 바쁜 와중에도 항상 밝은 목소리로 상담을 해주시던 선생님의 목소리가 아직도 생생히 들리는 듯하다.

부모로서, 아이를 속단하지 않고 장점을 최대한 활용하여 대학에 합격할 수 있도록 애써주신 선생님께 고마운 마음으로 이 글을 쓴다. 우리 아이의 꿈이 성장했듯 선생님의 소망도 이뤄지시길 기도하며, 우리 아이들을 대학에 합격시키는 것은 결국 부모로서 아이에 대해 믿음과 신뢰를 가지는 것과 함께 올바른 학생부종합전형에 대한 정보와 교육방법에 있다는 것을 입시를 준비하는 부모들에게 꼭 이야기해주고 싶다.

🎓 중앙대학교 합격생 ○○○의 학부모

큰 아이는 작년에 학생부종합전형을 준비했지만 지원한 대학에 모두 떨어졌다. 그래서 올해 대학 입시는 수능뿐만 아니라 학생부종합전형도 자신이 없기에 불안하고 답답한 상황이었다. 그러던 어느 날 우연히 작은 아이 학교에 입시 설명회가 있다는 얘기를 듣고 참석하게 되었다. 그런데 그 입시 설명회가 하필이면 우리 아이가 그토록 열심히 준비했던 학생부종합전형에 관한 것이라는 걸 뒤늦게 알고 자리를 피하려고 했지만, 강사님의 이야기를 듣다 보니 매우 흥미로운 부분이 많아 끝까지 다 듣게 되었다. 그때서야 학생부종합전형 준비 방법이 잘못되었다는 것을 깨닫고, 부랴부랴 강사님의 이름을 물어 연락을 드렸다.

오래전부터 입학사정관제 아카데미를 운영하신 권현 선생님을 만난 후 아이가 대학에 떨어진 이유를 어느 정도 파악할 수 있었다. 목표 없는 스펙과 방만한 활동이 오히려 대학에 가는 데 방해가 되었다는 사실을 알고 나니 망연자실할 수밖에 없었다. 지금이라도 우리 아이가 학생부종합전형에 합격할 수 있을지 선생님께 조심스레 여쭤보았고, 며칠 후 학교생활기록부를 면밀히 검토하신 선생님은 쉽지는 않겠지만 한번 해보자는 말을 했다. 우리 아이의 장점은 열정 있게 활동을 했기 때문에 의미를 재해석할 수 있는 학생부종합전형 콘텐츠들이 많이 있다는 것이었고, 단점은 처음부터 전공에 대한 목표와 뚜렷한 전공역량 설정이 안 되어 있어서 입학사정관 입장에서 볼 때 전공역량의 핵심이 없다는 것이었다. 입시를 불과 몇 개월 남겨두지 않은 시점에서 그렇게 선생님과 인연이 되어 선생님께 아이를 맡겼다.

아이는 선생님과 함께 학교생활기록부를 재해석

하며 그동안 본인이 열심히 활동하고도 몰랐던 부분들을 새롭게 깨달아간다고 말했고, 하루하루 즐겁게 학생부종합전형 준비를 해나갔다. 본인이 그동안 왜 이런 활동들을 해왔는지, 또 이런 활동들을 통해 어떤 사람이 되고 싶었는지, 이런 활동들을 통해 무엇을 깨달을 수 있었는지 구체적으로 본인의 이야기를 재정립해나가며, 2년 전과는 다른 매우 구체적인 방법으로 학생부종합전형 준비를 해나갔다. 일단 본인의 이야기가 구체화되자 아이는 본인에게 없는 전공역량에 대한 준비를 밤을 새워가며 해나갔다. 진정한 의미의 학생부종합전형을 알아가는 아이의 얼굴을 보며, 내가 너무나 학생부종합전형에 대해 몰랐다는 부끄러운 마음마저 들곤 했다. 선생님의 지도를 통해 우리 아이는 완벽하게 학생부종합전형의 전공역량을 재정립할 수 있었고, 이렇게 재정립된 이야기들을 자기소개서에 작성하여 작년에 떨어졌던 대학들에 제출했다. 그리고 우리 아이는 그렇게 본인이 간절히 원하던 중앙대에 합격했다.

학생부종합전형을 2년 넘게 준비시킨 학부모의 입장에서 볼 때, 주변에서 너무 많이 학생부종합전형에 대해 왜곡하고 있는 것 같다. 어느 대학은 특정한 특목고 학생들만 뽑는다, 또 어떤 대학은 일반고 학생들이 불리하다 등 왜곡된 이야기만 무성하다. 입학사정관들이 본인의 대학에 맞는 학생들을 선발하기 위해 고민하고 노력하는 부분은 무엇인지 잘 모른 채로 정작 중요한 입학사정관제 학생부종합전형 준비 방법은 뒷전이란 생각이 든다. 지금도 2차 면접을 보고 온 우리 아들의 목소리가 생생히 생각난다. 입학사정관들의 질문은 구체적인 생각과 행동의 의미를 물어보는 질문들이었다고 말이다. 이 글을 통해 부족한 우리 아이를 성심으로 지도해 주신 권현 선생님께 감사드리며 학생부종합전형을 준비시키는 어머니들이 보다 올바른 방법으로 아이들을 지도할 수 있길 기도한다.

🎓 연세대학교 합격생 ○○○의 학부모

우리 아이는 해외에서 고등학교를 졸업하고 5월 초에 한국에 들어왔다. 건강이 좋지 않은 관계로 더는 해외에서 대학을 보낼 수 없어, 한국에서 대학 입시를 준비해야 하는 상황이었다. 나의 직업이 학교에서 아이들을 가르치는 것이라 입시를 위해 백방으로 알아봤고, 컨설팅 업체도 몇 군데 찾아갔지만, 이렇다 할 방법을 들을 수는 없었다. 대부분 부정적인 결과들만 나열할 뿐 어느 곳도 우리 아이의 입시에 직접적인 도움을 줄 수 있는 곳은 없었다. 다른 부모들 같으면 포기할 수도 있는 상황이었지만, 우리 아이만이 가진 장점이 분명히 있을 것으로 생각했다. 그러던 어느 날 지인을 통해 권현 선생님을 알게 되었고, 선생님에게 우리 아이에 대한 내용을 자세히 말씀드렸다.

우리 아이는 세계적인 정치가가 되는 것이 꿈이다. 해외에 있을 때도 본인 꿈에 관련된 봉사, 리더십 활동들을 착실히 해나갔고, 그런 경험들을 통해 국제정치가에 대한 확고한 프레임을 가진 아이였다. 그러나 내신GPA이 부족한 편이었기에, 아이의 장점들에 대해서 제대로 해석하는 컨설턴트들이 없었다. 아이의 열정과 그 과정을 곁에서 지켜봐 온 부모로서는 참으로 애가 타고 답답한 부분이었다.

몇몇 컨설팅으로부터 내신 성적이 나쁘고 AP를 들은 적이 없다는 이유로 가능성이 희박하다는 얘기만 듣고 돌아섰었다. 그러나 마지막이라고 생각하고 만난 권현 선생님은 다른 분들과는 다르게 우리 아이의 노력의 과정들을 봐주셨다. 선생님은 학생부종합전형 평가 기준에 맞춰 우리 아이의 장점에 대해 조목조목 해석하시며, 내신과 AP 점수를 많이 보는 전형은 학생부종합전형이 아니라 어학특기자전형이라고 말했다.

그리고 많이 늦었지만, 이렇게 열정적으로 본인의 꿈과 희망을 향해 노력한 흔적이 있는 학생이라면, 이번 입시를 준비해 볼 만하다고 결론을 내렸다.

우리 아이는 권현 선생님의 수업을 듣게 되면서 꿈을 이루기 위해 해온 활동과 내용에 대해 그 의미들을 하나둘씩 알 수 있었고, 누구보다 열심히 학생부종합전형 입시를 준비해나갔다. 새벽에도 선생님께 전화하고 밤늦도록 본인의 증빙자료와 포트폴리오를 만들어나가며, 기특할 정도로 열심히 본인의 꿈과 희망을 향해 학생부종합전형 준비를 해나갔다. 그렇게 해서 가능성이 없다던 우리 아이는 당당히 본인이 가고자 하는 연세대학교에 합격했다.

지면을 통해 귀찮고 힘들 법도 한데 우리 아이를 위해 애써 주신 선생님께 한 아이의 아버지로서 감사를 표한다. 스승은 항상 나무처럼 제자들이 원할 때 그들이 쉴 수 있는 그늘이 되어 줄 수 있는 존재여야 한다는 선생님의 생각처럼 앞으로 좋은 대학의 나무 같은 스승이 되기를 기원합니다.

🎓 부산교육대학교 합격생 ○○○의 학부모

우리 딸은 인성이 밝고 꿈 역시 어릴 때처럼 초등학교 교사이지만, 고등학교 3학년인 아이의 성적은 이를 뒷받침 해주지 못하는 실정이었다. 수능으로 교대에 입학원서를 넣는다는 것은 꿈도 꿀 수 없었고, 그나마 한 가닥 희망이 학생부종합전형으로 교대에 가는 것이었다. 하지만 지방이라 그런지 구체적으로 학생부종합전형을 어떻게 준비해야 하는지에 대한 정보가 별로 없었고, 인터넷을 찾아보던 중 우연히 권현입학사정관 아카데미를 발견하고 전화를 걸었다.

내신이 좋지 않은 우리 아이가 과연 학생부종합전형으로 교대에 합격할 수 있을지 반신반의하며 전화를 걸었고, 수화기 너머 꽤 믿음직스럽게 들리는 한 선생님의 친절한 상담에 어느 정도 용기를 갖게 되어 학생부종합전형으로 입시를 준비해야겠다고 마음을 먹었다.

사는 곳이 지방인 까닭에 우리 딸은 주말마다 서울에 올라가 권현 선생님의 수업을 들었다. 자세하고 친절한 상담도 감사했지만, 무엇보다 내신과 비교과가 부족한 우리 아이의 단점들을 객관적으로 지적해주셨고, 부족한 부분을 보완할 수 있는 방법도 자세히 설명해 주셨다. 우리가 지방에서 먼 서울까지 반나절의 시간을 들여가며 선생님께 학생부종합전형 입시를 부탁한 이유가 바로 선생님의 진실함과 학생을 존중한다는 느낌 때문이었다.

선생님은 우리 아이의 장단점을 파악하여 학생부종합전형 지도를 시작하셨다. 여태껏 성적이 안 좋다는 이유로 매번 본인의 꿈을 속으로 삭혀야만 했던 아이는 선생님을 만난 뒤 눈에 띄게 변화되어 갔다. 아이가 갖고 있던 착한 인성에 선생님의 구체적인 교대 학생부종합전형 준비 방법이 더해지니, 무엇보다 아이의 밝은 얼굴과 당당함을 보게 되어 기뻤다. 서울까지 멀리 다니느라 고생했고, 좋지 않은 내신에 학생부종합전형 준비도 늦게 시작해 이번 입시에서 본인이 원하는 대학에 합격하지 못할 수도 있었지만, 어렸을 때부터 그렇게 원하던 초등학교 선생님의 길이었기에 마음속으로 묵묵히 딸과 선생님을 응원했다.

몇 군데 교대를 지원하고, 본인이 그렇게 원하던 부산교대 1차 합격자 발표가 나던 날, 딸과 함께 감격의 눈물을 흘렸다. 놀이터에서 아이들을 모아 놓고 매일 선생님 놀이를 하던 6살 꼬마 아이가 이제 어엿한 대학생이 되어 본인이 원하던 차별 없는 선생님이 되기 위한 첫걸음을 내디딜 수 있게 되었기 때문이다. 성적 때문에 혼자서 한편으로 인내하고 삭혀야 했던 딸아이의 마음과 그동안의 고생들을 생각하며, 진심으로 권 선생님께 감사의 마음을 전한다. 무엇보다도 아이가 힘들어할 때, 아이가 입시를 준비하며 주변 시선들과 싸울 때, 아이의 단점보다는 장점을 볼 수 있게 해주시고, 끝까지 아이가 포기하지 않도록 함께 해주신 선생님께 감사드린다. 앞으로도 학생부종합전형을 통해 우리 아이 같은 학생들이 본인의 꿈과 희망을 포기하지 않고 지켜낼 수 있도록 좋은 스승으로 함께 하시길 기원드립니다.

🎓 한림대학교 의예과 합격 ○○○의 아버지

먼저 지면을 통해 말썽 많고 말보다는 주먹이 먼저였던 아들을 사람으로 만들어 준 권현 선생님께 감사의 말씀을 드리고 싶다. 나는 서울에서 조그만 개인병원을 운영하는 의사이다. 아빠가 병원을 하다 보니 자연스럽게 아이도 의사가 되어 병원을 물려받기를 원했고, 어려서부터 아이를 의사로 만들기 위해 노력했다.

그런데 아이는 생각과는 다르게 다른 쪽으로 엇나가기 시작했고, 심지어는 중학생이 되어 나쁜 아이들과 어울려 폭력까지 행사하는 아이가 되었다. 엄마를 일찍 잃고 아빠와 단둘이 살며, 내가 너무 아이의 인생을 마음대로 하려고 했던 게 아니냐고 생각했다. 그래서 아이와 대화도 많이 하려고 노력하고, 운동도 함께하며 아이의 마음을 열어보려고 노력했지만, 허사였고 아이와의 관계만 더욱더 나빠져 갔다. 그래도 대학은 보내야 하는데 아이의 성적은 안 되고 하니 학생부종합전형으로 대학을 갈 수 있는 방법을 알아보았고, 재작년 어렵게 딸을 의대에 보낸 친구 소개로 권현 선생님께 아들 녀석을 맡기게 되었다.

친구가 하도 선생님을 극찬하기에 처음에는 뭘 그렇게까지 극찬할까 하는 마음이 들었다. 친구를 만나서 딸 얘기가 나오면 운이 좋아서 간 거겠지 하고 친구를 놀리곤 했다. 그런데 그때마다 친구의 얘기는 달랐다. 물론 운도 작용했는지 모르지만 자기 딸은 실력으로 떳떳하게 의대에 합격했고, 자기 딸을 가르치는 선생님이 다른 선생님들과는 조금 달랐다는 말을 되풀이하곤 했다. 별 기대 없이 권현 선생님께 아이를 맡긴 지 6개월이 되었고, 나는 아들 녀석에게 의대에 가고 싶다는 뜻밖의 얘기를 들었다. 처음 얘기를 듣고 놀라 멍하니 아이의 얼굴을 쳐다보니 아들은 머쓱하니 저를 쳐다보며 다른 사람들이 자기처럼 어머니 없이 살지 않도록 다른 사람들을 살리는 의사가 되어 남들을 돕고 싶다고 얘기했다. 그리고 그날부터 아이는 태어나서 생전 처음으로 무언가에 강하게 집중하며, 열심히 하기 시작했다. 원래 머리가 나쁜 녀석은 아니라 혹시나 하고 기대는 했지만, 내신 2등급 후반에서 3등급 초반으로 의대에 간다는 게 도무지 믿어지지 않았다. 그래도 말썽 안 부리고 열심히 뭔가를 해나가는 녀석을 보며 참으로 기특하다는 생각이 들었다.

의대 면접에서는 인성을 많이 보는데 본인이 배려심과 포용력이 있는지 묻던 녀석의 얼굴이 지금도 떠오르곤 한다. 물론 의사는 똑똑하고 냉철해야겠지만, 우리 아들 같이 타인을 먼저 생각하고 배려하는 의사도 이 세상에 꼭 필요하지 않을까 생각하며, 말썽만 피우던 아들 녀석을 사람 만들어 주신 권현 선생님께 감사한 마음을 전한다.

지난 10년간 학생들의 학생부종합전형 입시를 가르치며 대학에 합격하는 학생들을 보는 것이 더 없이 행복했다. 가능성이 없다는 주위의 차가운 시선들 때문에 자신의 중요한 시기를 포기하려는 학생들을 가르치는 것은 어렵고 고된 일이지만, 매년 자신의 한계를 이기고 원하는 대학에 합격하는 아이들을 볼 때마다 나는 선생님으로서 작은 행복과 사명을 느꼈다. 그리고 학교 혹은 강연회 현장에서 똘망 똘망한 눈망울로 학생부종합전형 강연을 들으며, 작은 정보 하나라도 놓치지 않기 위해 노력하는 학생들의 눈빛은 내 마음속에 사명감이 싹터 오르게 했다. 나는 오랫동안 그들의 눈빛을 잊지 못했다.

학생들을 학생부종합전형으로 대학에 합격시키는 것, 특별히 저 내신, 검정고시, 대안학교, 해외고 학생들이 내신과 스펙이 좋은 자사고, 특목고 학생들을 이기고 대학에 합격시킨다는 것은 학생부종합전형을 매우 전문적으로 준비해야 한다는 것을 의미한다. 그리고 학생부종합전형의 구체적인 준비를 돕고 가르치는 것은 매우 많은 노력과 노하우가 요구되는 일이고 또 정석대로 가르쳐야 되는 일이기에 많은 학생들을 가르친다는 것은 불가능한 일이다.

그동안 사업적으로 몇몇 컨설팅 업체 혹은 교육 회사와 함께 실질적인 학생부종합전형 입시교육 프로그램을 만들고 개발하기 위해 노력했지만 정작 학생부종합전형에 대한 본연에 의지가 없는 컨설팅 업체, 교육 회사들과 큰 발전을 이루지 못했다. 그들은 학생부종합전형을 자신들이 주로 하는 수능, 논술, 어학, 컨설팅에 교묘

하게 이용해왔고 정작 학생부종합전형의 본질에 접근하고자 하는 노력조차 하지 않았다. 그들에게 학생부종합전형은 그들의 본업을 살찌우는 광고 수단에 지나지 않았다.

학생부종합전형의 본질은 차근차근 꾸준히 준비하는 과정과 그 과정을 통해 한 학생이 자신의 잠재역량들을 발견하고 발현해 나가는 것이다. 나는 지난 3년간 선생님으로서 내게 직접 학종 교육을 받지 못하는 학생들에게 실질적인 학종 프로그램들을 가르치고 제공하기 위해 지난 10년의 학생부종합전형 노하우들을 모아서 보다 쉽게 학생들이 학종을 만져보고, 느껴보고, 준비할 수 있는 학생부종합전형 온라인 인강을 만들었고, 책을 출간했다. 전국의 아직 학종을 모르거나 학종을 준비할 방법조차 막연한 학생들에게 '권현선생님의 학종에듀'가 큰 힘이 될 것이라고 확신한다.

아울러 몇 년에 걸쳐 정량적인 학종 입시 프로그램 자문을 진심으로 허락해 주신 김신철 교수님, 박인애 교수님 또 원고가 세상에 나올 수 있게 도움을 주신 (주)성안당 박남균 부장님, 언제나 내게 힘을 주는 우리 권현 입학사정관 아카데미 입학사정관제, 학생부종합전형 합격생들 모임 '학종 1등' 제자들과 또 내 절친한 후배 유동우 군에게도 감사의 인사를 전한다.

2017년 6월 학생부종합전형 1타 강사 권현 선생 드림

학생부종합전형교과서

학생부종합전형교과서

학생부종합전형교과서